Tatjana Adams

Von Hühnern und Menschen

Was Hühner uns schon länger mal sagen wollten

Reichel
Verlag

© Tatjana Adams

© 2016 Reichel Verlag, 5. Auflage
9193053 Regensburg
Tel: 0049(0)9194-8900, Fax: 0049(0)9194-4262
E-Mail: info@reichel-verlag.de
www.reichel-verlag.de

Umschlaggestaltung: Christian Wolf
Zeichnungen: Michael Adams

ISBN 978-3-941435-22-3

Für meine Hühner.

Sie wollen Spuren hinterlassen

in Herzen und Köpfen

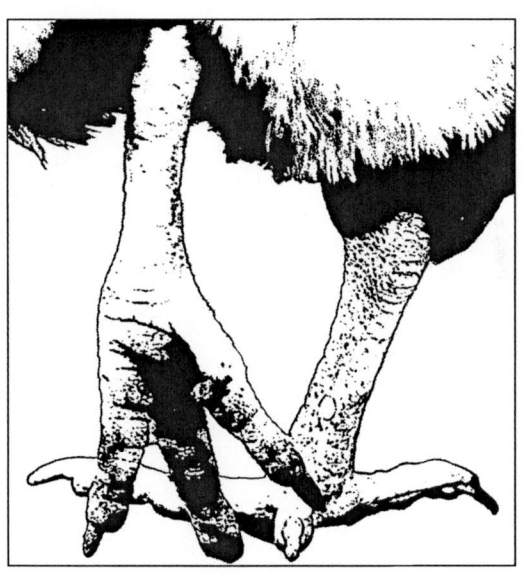

Inhalt

Die Autorinnen

Fortuna

Ludmilla

Bertha

Brunella

Frieda

Agnetha

Einführung

Dieses Buch ist wahrlich verwunderlich. Auch für mich.

Noch vor einiger Zeit hätte ich mir so etwas nicht träumen lassen. Und es ist für mich immer noch schwer zu begreifen, wie diese Art der Kommunikation mit Hühnern oder auch anderen Lebewesen funktioniert.

Ich werde in meinem Buch aber nicht auf die Methoden der Tierkommunikation eingehen. Das ist nicht das, worum es meinen Hühnern geht, und darüber wurde auch schon genug geschrieben.

Das analytische Verständnis ist meiner Ansicht nach auch nicht wichtig, weil der Verstand dann dem Herzen im Wege steht.

Die Botschaften meiner Hühner sind klar und schonungslos und auch für mich zum Teil überraschend und aufrüttelnd.

Es gibt auf dieser Welt viele Dinge, die ich mit meinem Verstand nicht erfassen kann und dennoch als gegeben hinnehme – warum also nicht auch diese Form der Kommunikation?

Ich für meinen Teil verstehe z. B. überhaupt nicht, wie eine solche Datenmenge auf einen so kleinen USB-Stick passen kann. Ja, ich verstehe noch nicht einmal, was eine Datei eigentlich ist. Aber weil ich damit groß geworden bin, stelle ich das nicht in Frage.

Natürlich ist die Existenz dieser Datenmengen irgendwie nachweisbar, aber wirklich verstehen kann ich es trotzdem noch nicht.

Mit der Tierkommunikation bin ich leider nicht groß geworden. Daher war sie nicht so selbstverständlich in meine Welt integriert. Es wäre schön, wenn sich das zumindest ein Stück weit auch für andere Menschen ändern würde. Denn sie ist eine echte Bereicherung für das Leben.

Zuhören reicht ja schon.

Jedes Tier hat etwas zu sagen, und jedes Tier ist besonders. So wie wir auch.

Ich habe mich nun für dieses Buch überwiegend mit Hühnern unterhalten und kann sagen, dass sie eine Menge zu erzählen haben.

Und sie tun es in einer beeindruckenden Art und Weise!

Die meisten Gespräche habe ich als philosophisch und tiefsinnig erlebt. Nur die von Brunella unterscheiden sich deutlich.

Brunella ist einfach anders. Zum Glück hat sie sich trotzdem entschlossen, an unserem Buch mitzuwirken!

Das freut mich besonders, da sie uns Einblicke in den Hühneralltag gewährt und damit den Rest des Buches bereichert und auflockert.

Beim Verteilen von Leseproben in meinem Freundes- und Bekanntenkreis stieß ich natürlich auch auf die ersten Zweifler.

Ganz klar – die Tierkommunikation ist noch sehr fremd in der Gesellschaft, und dass ein Tier wie ein Huhn solche Dinge zu sagen haben soll, ist noch viel fremder.

Wenn ich mit Tieren anderer Menschen spreche – sei es Hund, Katze, Pferd oder was auch immer, ist die Akzeptanz der Menschen deutlich größer. Einfach weil ich von vielen dieser Tiere Dinge gesagt bekomme, die ich so nicht wissen konnte.

Bei meinen Hühnern verhält es sich anders. Schnell ist die Vermutung da, dass es eigentlich meine Gedanken sind und nicht die der Hühner.

Ich kann diese Zweifel natürlich nicht ganz löschen.

Ich kann nur sagen, dass im Verlauf dieser Interviews Dinge gesagt werden, über die ich persönlich noch nie nachgedacht habe und die ich auch nie so treffend und schön hätte formulieren können.

Viele ihrer Aussagen finde ich sehr gut, sie decken sich auch mit meiner Meinung – aber zum Teil waren sie auch durchaus neu und sehr lehrreich für mich.

Ich würde mir wünschen, dass Sie mir das glauben und wirklich meine Hühnerdamen als Autorinnen ansehen.

Vielleicht fragen Sie sich, wie meine Gesprächsprotokolle mit den Hühnern konkret zustande kamen?

Ich habe mich für ein Gespräch immer zurückgezogen und musste mich gut konzentrieren. Da ich das Huhn aber schlecht in mein „stilles Kämmerlein" mitnehmen konnte, nutzte ich den Weg über die Fotografie; das Bild des Tieres, mit dem ich sprechen wollte, genügte.

Das ist auch einer der Gründe, warum meine Hühner hier nicht im Original abgelichtet erscheinen möchten.

Die Gespräche habe ich übrigens nie direkt hintereinander geführt – dafür reicht meine Konzentrationsfähigkeit auch nach inzwischen längerer Übung nicht aus – das zweite Gespräch wäre dann qualitativ deutlich schlechter gewesen.

Die Hühner selbst (wie Tiere generell) sind übrigens völlig problemlos in der Lage, ununterbrochen auf dem Wege der Telepathie zu kommunizieren. Sie sind darin wahre Meister. Sie können sogar mehrere Unterhaltungen gleichzeitig führen!

Ich übe noch.

Ich möchte an dieser Stelle noch einmal ausdrücklich darauf hinweisen, dass meine Hühner sich ihre Themen eigenständig und völlig frei ausgewählt haben. Ich hatte darauf keinen Einfluss und war selbst vor jedem Gespräch sehr gespannt und dann häufig wirklich überrascht und beeindruckt.

Daher trage ich keine Verantwortung für den Inhalt der Gespräche. Missverständnisse und Fehler kann ich leider nicht vollständig ausschließen.

Ein erschütterndes Erlebnis

Ich muss ein wenig ausholen um zu erklären, wie es dazu kam, dass ich für mich die Weisheit der Hühner entdeckte. Es hatten vorher schon Gespräche mit ihnen stattgefunden. Die waren aber nicht bemerkenswerter als die mit meinen anderen Tieren.

Jedem Menschen, der mit seinen Haustieren gesprochen oder ein Gespräch mit ihnen in Auftrag gegeben hat, ist bekannt, dass es sehr verblüffend sein kann, was sie alles über einen wissen.

Sie sehen klar und deutlich auf unseren inneren Kern, kennen alle Familienmitglieder sehr genau und können durchaus Probleme und Schwächen aufzeigen oder einem sehr gute und interessante Denkanstöße geben.

Genauso waren meine Hühner auch. Etwas mehr in Form eines Supervisors vielleicht, da sie nicht so stark in das Familienleben eingebunden sind wie ein Tier, das direkt mit im Haushalt lebt.

Und dann kam der Hase.

Dieser Hase war eines schönen Vormittags plötzlich bei uns im Garten.

Und er verreckte dort elendig. Das muss ich leider so sagen, weil es so war.

Ich weiß wirklich nicht, was dieses Tier hatte. Aber er wand sich fürchterlich, zuckte unkontrolliert und war nicht mehr in der Lage zu laufen.

Es war deutlich, dass er dem Tod geweiht war, aber sein Sterben dauerte für mich zu lange.

Es fiel mir schwer, dieses Leiden mit anzusehen.

Gleichzeitig wusste ich aber auch, dass ich selbst ihn wohl nicht würde erlösen können.

Also suchte ich mir Hilfe, nachdem ich eine gefühlte Ewigkeit abgewartet und erfolglos versucht hatte, den Hasen auf meine Art und Weise beim Sterben zu begleiten.

In dem Moment, als der Mensch, der dieses Tier „erlösen" sollte, auf den Hof kam, hatte ich das Gefühl, dass das nicht richtig ist.

Aber nun gab es irgendwie kein Zurück mehr.

Der Hase und die Hühner

Einige Tage später sprach ich mit meinem Huhn, Ludmilla.

Aus einer Eingebung heraus fragte ich sie, wie sie den Vorfall mit dem Hasen erlebt hatte. Ihre Antwort war: „Das mit dem Hasen war so 'ne Sache. Es war nicht richtig, ihn totzuschlagen. Er hätte noch Zeit gebraucht, sich zu lösen."

Ich konnte das Leiden nicht mehr ertragen!

„Ihr seht das falsch. Es gehört zu unserem Leben dazu. Das ist der Lauf der Dinge. Jeder bekommt, was er verdient."

Aber so ein Leiden hat doch keiner verdient.

„Nein – das Leiden nicht. Aber er brauchte das für seine Persönlichkeitsentwicklung. Davon hast du ihm jetzt ein Stück genommen. Aber du hast es in bestem Wissen und Gewissen getan, deshalb war es in Ordnung."

Es fällt mir schwer, das mit dem Leiden so zu akzeptieren.

„Das darfst du so nicht sehen. Mitleid ist nie gut, nie produktiv."

Ich muss zugeben, dass mich das sehr beeindruckt hat. Neugierig geworden fragte ich ein weiteres meiner Hühner, Paula.

Ihre Antwort auf die gleiche Frage:

„Ich sehe das ähnlich wie Ludmilla. Wobei sie etwas zu hart zu dir war, finde ich.

Du konntest es einfach nicht aushalten und das ist auch okay.

Ist ja auch schwer zu ertragen, wenn man wie ihr als Menschen meint, überall mitreden zu müssen.

Wir kümmern uns nur um uns selbst.

Dann kommen wir nicht in solche Situationen."

Paulas Tod

Paula ging es seit einiger Zeit schlecht.

Bessere Zeiten wechselten sich mit schlechteren ab.

Aber eines Tages war klar, dass es nun zu Ende geht.

Sie hat ihren Tod mit einer solchen Würde getragen, dass es mich noch heute sprachlos macht.

Das Einzige, was sie sich von mir gewünscht hat war, dass ich sie in ihr Nest setze.

Sie wollte gerne dort sterben und war selbst schon zu schwach, um dort hinaufzukommen.

Ihr Tod dauerte mehrere Tage, und sie durchlebte verschiedene Phasen. Sie hatte Schmerzen und sie hatte Angst. Allerdings hatte sie keine Angst vor dem Tod an sich. Es ging dabei mehr um den Prozess des Sterbens und das Loslassen des Lebens. Aber sie hat das alles souverän bewältigt und ist letztendlich ganz friedlich in ihrem Nest eingeschlafen.

Für mich war es eine harte Lektion.

Der erste Impuls war natürlich, ihr zu helfen, sie umzubringen.

Aber wem helfe ich damit wirklich? Mir oder ihr? Diese Frage musste ich mir nach dem Hasen-Erlebnis ja nun stellen.

Paula war bis zum letzten Atemzug geduldig mit mir und ausgesprochen liebenswürdig.

Ich habe sie natürlich persönlich gefragt, was SIE möchte.

Ihre Antwort:

„Ich will jetzt sterben. So macht es keinen Spaß mehr.

Unterstützen (meine Versuche, sie zu heilen) hilft jetzt nicht mehr. Ich bin schon auf dem Weg.

Es war gut, in Ruhe Abschied nehmen zu können.

Ich weiß, dass du mich sehr geschätzt hast und traurig sein wirst. Aber das brauchst du nicht! Ich lebe weiter – in dir. Du wirst mich nicht vergessen und das ist viel wert.

Du brauchst mir nichts Nettes mehr zu sagen. Ich sehe direkt in dein Herz.

Ich möchte keine Hilfe beim Sterben. Ich schaffe das alleine. Sonst melde ich mich.

Es macht dir Angst, ich weiß. Das macht es mir nicht leichter, das weißt du auch.

Aber es ist nur menschlich. Ihr habt den Tod aus eurem Leben ausgeklammert. Aber er gehört dazu. Fürchte ihn nicht.

Du wirst lernen, damit umzugehen.

Lass mir meine Ruhe und gib mir Zeit. Dränge mich nicht.

Halte es aus."

Kurze Zeit später war sie tot.

Alle Hühner, die im Anschluss die Gelegenheit hatten, sich dazu zu äußern, haben ihren Tod als sehr friedlich und gut empfunden.

Von uns allen begleitet und getragen.

Sie alle haben gesagt, dass sie sich den Tod ebenso wünschen würden, wenn sie es sich aussuchen könnten.

Henriettes Tod

Ungefähr zwei Wochen später starb Henriette. Es kam völlig überraschend und ging sehr schnell.

Ihr ging es körperlich sehr viel schlechter als Paula und mein erster Impuls als ich sie fand war – wegrennen, Hilfe holen, sie erlösen.

Das habe ich nicht getan.

Ich bin bei ihr geblieben, habe mit ihr gesprochen und sie bis zum letzten Atemzug begleitet.

So war es ihr Wunsch.

Sie war außerordentlich tapfer und sehr stark.

Was mich an ihrem Tod am meisten berührt hat ist, dass sie in all ihrem Leid noch die Kraft und das Bedürfnis hatte, mir etwas mit auf den Weg zu geben.

Sie hat mir wirklich geholfen, das beim Hasen bereits aufgetretene Thema „Leiden" mit anderen Augen zu sehen.

Sie war zu keinem Zeitpunkt verzweifelt oder desolat. Im Gegenteil! Tiere fügen sich auf eine Art und Weise ohne zu klagen in ihr Schicksal, die den meisten von uns völlig fremd ist.

So weit sind wir wohl noch nicht.

Die Tiere haben allerdings auch einen großen Vorteil. Sie wissen, wohin sie nach ihrem Tod gehen, wissen, was kommt.

Und sie wissen, dass es gut ist.

Paula sprach davon, nach Hause zu kommen. Henriette davon, von ihren irdischen Qualen erlöst zu werden.

Das heißt aber nicht, dass es ihnen leicht fällt, das irdische Dasein loszulassen.

Beiden war es zwar wichtig, diesen Weg selbstständig bis zum Ende gehen zu dürfen, sie wollten dabei aber gerne begleitet sein, indem jemand einfach bei ihnen war.

Und ich kann sagen, es fühlte sich richtig und gut und friedlich an und ich bin dankbar, dass sie mich daran haben teilhaben lassen.

Fortuna

Nachdem nun zwei unserer Hühner gestorben waren, beschlossen wir, uns neue dazuzukaufen.

Meine Eltern waren gerade zu Besuch und machten sie uns zum Geschenk.

Als Dank durften sie jeder einem Huhn einen Namen geben.

Meine Mutter suchte sich also eines aus und nannte es Fortuna.

Ich fand diesen Namen für ein Huhn etwas dick aufgetragen, aber sie durfte ihr Huhn ja so nennen wie sie wollte.

Also hieß sie nun Fortuna. Gut.

Das Huhn meines Vaters heißt übrigens Brunella.

Einige Wochen vergingen, und dann sprach ich zum ersten Mal mit unseren neuen Mitbewohnern.

Fortuna war als Letzte dran.

Das gefiel ihr gar nicht, und das ließ sie mich auch direkt wissen.

Das Gespräch plätscherte friedlich über Oberflächlichkeiten dahin.

Aber dann plötzlich war es so, als würde sie mich an den Schultern packen und begann Klartext zu reden.

Dieses Buch ist eigentlich ihr Buch.

Ohne sie hätte ich es nie geschrieben. Es geschieht auf ihren ausdrücklichen Wunsch.

Sie glaubt, dass die Welt bereit ist umzudenken und dass es wichtig ist, dass die Menschen hören, was sie als Hühner zu sagen haben.

Ich bin ihr Kanal.

Zuerst wollte ich ihr diese Buch-Idee ausreden, weil ich mir das so gar nicht vorstellen konnte und auch nicht wollte.

Ich sagte ihr also, dass ich darüber nachdenken

würde. Aber so leicht ließ sie mich nicht davonkommen.

Und nun sitze ich hier und schreibe diese Zeilen.

Und während ich sie schreibe, merke ich, dass Fortuna Recht hat; ich merke, dass es wichtig ist, das weiterzugeben, was ich von meinen Hühnern gelernt habe.

Viele Menschen können davon profitieren und ihre Sichtweise verändern – wenn sie es wollen und es zulassen.

Ich danke meinem Huhn dafür, dass sie mich dazu gebracht hat und muss sagen: Fortuna trägt ihren Namen nicht zu Unrecht und er ist auch nicht zu hochtrabend für sie.

Im folgenden Teil des Buches werden meine Hühner über Themen sprechen, die sie sich selbst gewählt haben.

Ich bin sehr gespannt darauf.

Vorgespräch mit Fortuna

Da ich im Laufe der Interviews mit meinen Mädels festgestellt habe, dass es manchmal doch sehr verwunderlich ist, was sie so alles sagen, habe ich mich entschlossen, die Hauptinitiatorin dieses Buches, Fortuna, noch einmal vorab konkret zu einigen Themen zu befragen.

Ich hoffe, das erhöht das Verständnis und die Akzeptanz für die dann folgenden Gedanken.

Viel Spaß dabei.

1. Was bedeutet es für dich, zu leben?

Ich lebe, weil es meine Bestimmung ist.

Leben ist alles, was zählt.

Ich genieße jeden Augenblick, koste das Leben aus.

Es ist groß und großartig.

Das größte Geschenk, das wir bekommen können.

In ihm spüren wir Gottes Kraft.

Es ist ein wahres Wunder, das es zu danken lohnt.

Ich lebe gerne und besonders gerne bei euch.

Das Leben hält viele Überraschungen parat. Es ist voller Windungen und Wirrungen. Aber noch kein Weg hat mich in die Irre geführt. Alles war bisher für irgendetwas gut. Ist das nicht faszinierend?

Wir sind wahrlich getragen und geführt von etwas sehr viel Höherem als wir uns vorstellen können.

Ich danke, Teil dieser Gemeinschaft sein zu können.

Und sei es nur für eine Weile.

Ich komme wieder, ganz bestimmt.

2. Wie hast du dein Leben bisher erlebt?

Mein Leben war voller Aufs und Abs.

Behandelt wie ein Stück Dreck und nun auf Händen getragen…. Manchmal ist es schwierig, das verarbeitet zu kriegen.

Aber ich denke einfach nicht darüber nach, sondern genieße nur.

Als kleines Huhn habe ich nicht viel Gutes erfahren. Damals war es ein wahrer Überlebenskampf.

Warst du nicht stark genug oder hattest auch nur

einen kleinen Mangel, wurdest du aussortiert. Aber so ist es nun mal in der Natur – normalerweise nicht unter solchen Extrembedingungen, aber der Grundsatz bleibt.

Ich möchte nie wieder dorthin zurück, wo ich herkomme.

Dort herrscht Leid und Trauer.

Für uns ist es nicht lustig, ohne Mutter aufzuwachsen. Wir stecken das nicht so einfach weg – genau wie ihr.

Aber wir haben ja keine andere Wahl.

Und zum Glück steckt noch so viel Instinkt in uns, dass wir es doch irgendwie schaffen, unseren Weg zu machen.

Nur – wofür? Das muss man sich schon bei manchem Schicksal fragen.

Wir sind sanfte Wesen, die viel erdulden und sich nie gegen ihre Menschen erheben.

Das nutzt ihr aus, das ist schade.

Ich habe Glück gehabt und ich weiß es jeden Tag zu schätzen. Ich danke dir.

3. Warum wisst ihr so viel über uns Menschen?

Warum?

Das ist eine gute Frage. Dieses Wissen ist einfach in uns drin. Wir sehen viel, wir hören viel, wir bekommen einfach alles mit, was um uns herum passiert.

Außerdem sehen wir in euer Herz. Wir sehen, was ihr denkt, und wir wissen, wie ihr tickt.

Ihr nennt das Menschenkenntnis. Und es hat bei euch mit Intuition zu tun.

Bei uns ist das etwas anders.

Wir SEHEN wirklich konkret mehr als ihr. Ein Mensch, durch unsere Augen betrachtet, sieht anders aus als ihr das so kennt.

Wir gucken bis aufs Mark.

Und wir sehen Ideen, Narben, Hoffnungen.

Das ist schön und manchmal auch traurig.

Am liebsten betrachte ich Kinder. Aber ich sehe sie ungern groß werden. Sie verlieren unterwegs so viel von ihrer Schönheit.

Euer Alltägliches ist in euch gespeichert. Das könnt ihr nicht vor uns verheimlichen. Es ist allgegenwärtig.

Bestimmte Personen aus eurer Geschichte sind

uns ein Begriff, weil ihr euch Gedanken über sie macht oder weil wir sie kennen gelernt haben.

Aber das sprengt sicher wieder eure Vorstellungskraft.

Auf dem Gebiet seid ihr nämlich leider ganz schön begrenzt. Und ihr selbst seid es, die diese Grenzen setzen.

Die Umwelt möchte das nicht. Sie hätte es lieber, wenn ihr das Ganze betrachten würdet. Dann wärt ihr nämlich auch achtsamer mit vielem und vielen.

Also alles, was in unserem Umfeld geschieht, ist für uns präsent – und sei es nur in euren Köpfen.

4. Kannst du mir etwas über Inkarnationen sagen?

Natürlich kann ich das. Meinst du, dass du das schon verträgst?

Na schön.

Meine Inkarnationen gehen weit zurück. Ich habe viele Monde kommen und gehen sehen.

Ihr Menschen wart immer da.

Früher aber war noch viel mehr Artenvielfalt dazwischen.

Nun ist es etwas karger geworden.

Ihr habt euren Anteil daran, aber wir sicher auch.

Ich weiß nicht, ob ich immer ein Huhn war. Aber ich war sicher häufig eines.

Und ich habe in dieser Hülle viel gelernt.

Es ist schön, ein Huhn zu sein.

Allerdings war es früher schöner. Da durften wir noch mehr wir selbst sein.

Das hat etwas nachgelassen.

Vielleicht war ich auch mal ein Mensch. Aber das ist jetzt sicher nicht der richtige Zeitpunkt, um darüber zu sprechen.

Ich weiß nur, dass meine Seele schon sehr alt ist.

Sie hat viel gesehen und wenig vergessen.

Manchmal ist das gut, manchmal nicht.

Aber ich bin auf jeden Fall froh, dass ich das alles so bewusst erleben darf.

Ich bin ein Teil des Kreislaufs, und das gibt mir unglaublich viel Vertrauen ins Leben.

Davon profitiere ich jeden Tag.

Ich danke dafür und wünsche euch sehr, dass ihr auch diese Stufe erreicht.

Ihr seid nicht mehr weit davon entfernt.

Ich wünsche euch alles Gute dafür.

5. Was erfreut dein Herz?

Würmer.

Die machen mich richtig glücklich! Die kannte ich früher nicht, habe sie erst hier kennen gelernt. Sie sind köstlich!

Da streiten wir uns auch immer ein bisschen drum – die finden wir nämlich alle gut!

Ansonsten liebe ich gutes Wetter! Ich liege für mein Leben gerne in der Sonne und nehme ein Bad im Staub.

Oder mache Federpflege mit den anderen.

Draußen sein ist einfach wunderbar!

Und Kinder machen mich glücklich. Sie sind bunt und froh und voller Energie. Das macht Freude.

6. Was ist dein Anliegen, dieses Buch zu schreiben?

Ich möchte, dass dieses Buch geschrieben wird, damit die Menschen anfangen zu verstehen.

Zu verstehen, dass sie mehr interessieren sollte als das eigene Wohlergehen.

Wir sind ein System.

Schadet ihr uns oder anderen in eurer Umwelt, schadet ihr im Endeffekt euch selbst.

Viele haben das schon erkannt.

Aber es reicht noch nicht, was sich daraus ergibt.

Wir müssen Licht ins Dunkel bringen. Es wird höchste Zeit.

So kann es nicht weitergehen. Ihr rennt sehenden Auges in euer Verderben. Uns könnte es ja egal sein, für uns wird sich eh nicht viel ändern.

Aber wir hängen mit drin und wir wollen nicht untergehen. Also müssen wir uns wehren. Und das geht nur auf diesem Weg.

Ich bin sicher, dass es Menschen geben wird, die unser Buch lesen.

Und sollte nur ein kleiner Teil dieser Menschen anfangen umzudenken, habe ich mehr erreicht als ich zu hoffen gewagt habe.

Die Welt ist bereit für eine Veränderung.

FANGT DAMIT AN!

Ihr meint immer, „das lohnt doch nicht". Oh doch!!!

Löst eine Flutwelle aus, verbreitet diese Gedanken!

Ihr werdet euch wundern!

Viele sind bereit, etwas zu verändern. Und wenn sie merken, dass sie nicht alleine sind, kann das Unglaubliches auslösen.

Hört auf, euch hinter Ausflüchten und Bequemlichkeiten zu verstecken!

Verändert euer Denken und ihr verändert die Welt.

Ihr werdet schon sehen.

Ich wünsche uns Glück.

Gedanken sind mächtig. <u>Viel</u> mächtiger als ihr denkt.

Sie sind Teil des großen Ganzen. Und sie sind wesenlos, das heißt, sie haben keine Schranken. Das erklärt ihre Macht. Unterschätzt das nicht!

Ich habe auch etwas ins Rollen gebracht, und ich bin nur ein Huhn – aus eurer Sicht.

Aus meiner Sicht bin ich die Welt. Und ich rufe um Hilfe.

Mehr nicht.

Macht was draus.

7. Möchtest du den Lesern noch etwas mitteilen?

Das Leben ist manchmal hart und was auf der Welt geschieht, ist manchmal sehr erschreckend – ja manchmal sogar abstoßend.

Aber lasst euch davon bitte nicht blenden.

Die Welt ist schön, und es steckt jede Menge Gutes im Menschen.

Schließlich seid ihr auch ein Teil der Schöpfung – und Gott hat keine Fehler gemacht.

Was ihr daraus macht, ist manchmal etwas fragwürdig.

Ihr solltet eure Absichten besser überprüfen, bevor ihr etwas beginnt. Dann werdet ihr sehr genau wissen, wann ihr es doch lieber sein lasst.

Der Mensch ist ein wunderbares Geschöpf, das viel erreichen kann. Mehr als wir alle zusammen.

Lasst nicht zu, dass es in die falsche Richtung geht!

Natürlich sind wir ein Teil des göttlichen Plans und können die Geschicke der Welt nicht grundlegend verändern.

Aber ein kleiner Teil liegt doch in unserer Macht.

Resignation ist keine Lösung. In keinem Fall, an

keiner Stelle des Lebens.

Gott gibt uns Freiräume, die wir auf unsere Weise füllen können. Füllt sie mit Licht, bitte. Nicht mit Schatten. Dankeschön.

8. Ihr sprecht von Gott, von göttlicher Energie und ähnlichem. Kannst du mir bitte etwas genauer sagen, was du damit meinst?

Für uns steckt hinter diesem Ganzen eine unendlich große Kraft, die alles lenkt und leitet.

Wir alle sind geborgen in ihr, umhüllt von Liebe und Licht.

Jeder wird davon getragen bis zum Schluss.

Gott ist gnädig. Er meint es gut mit uns. Auch wenn es für den Betrachter manchmal nicht so aussieht.

Für den Betroffenen kann es sich durchaus anders anfühlen.

Wir vertrauen darauf und kommen sehr gut klar damit.

Das Leben ist manchmal hart, das heißt aber nicht, dass es schlecht ist.

Der Körper wird manchmal krank. Das heißt aber nur, dass er müde ist. Müde dieser ganzen schlechten Energie, die ihr manchmal verbreitet.

Gott – wie ihr ihn nennt – ist groß. Unglaublich groß.

Er ist keine Figur, kein Mensch.

Er hat keine Gestalt. Das würde ihn einschränken. Das hat er nicht nötig.

Er ist in Allem und in Allen.

Er ist eine unglaublich große Quelle der Kraft und der Güte.

Ihr braucht das, dass man ihn irgendwie darstellen kann.

Das ist auch in Ordnung.

Wir brauchen das nicht und es ist gut für ihn.

Wir nennen ihn hier manchmal Gott, manchmal Energie – meinen aber das Gleiche damit.

Wir wollen uns hier auf keinen Fall auf irgendeine Religion festlegen! Damit hat das gar nichts zu tun.

Da wollen wir bitte nicht missverstanden werden! Wir haben keinen Glauben in dem Sinne, wie ihr ihn habt.

Wir wissen einfach, dass Gott da ist und vertrauen auf ihn.

Das ist alles.

9. Warum wisst ihr so viel über Kinder?

Wir waren alle mal Kinder. Wir haben nicht vergessen, wie es war, eins zu sein.

Unsere Kinder unterscheiden sich da nicht viel von euren Kindern.

Außerdem habe ich ja Augen im Kopf und damit sehe ich sehr genau, wie eure Kinder starten und wie sie enden.

Das ist manchmal nicht so schön.

Und wir sehen eure Fehler, die ihr in der Erziehung macht. Von außen betrachtet ist das immer leichter, weißt du.

Daher wissen wir so viel über Kinder und ihre Entwicklung.

Ein ganz wichtiger Punkt ist, nicht zu vergessen, wie es dir als Kind ergangen ist. Das verändert vieles im Umgang mit den eigenen Kindern.

Mir ist es leider nicht vergönnt, Kinder zu haben. Daher beschränke ich mich aufs Beobachten.

ANGST

Fortuna

O.k. Ich bin soweit.

Ich möchte über Angst sprechen.

Angst ist irreal, und doch hat sie uns voll im Griff.

Wir Tiere leiden sehr unter ihr.

Sie treibt uns an, Dinge zu tun, die wir eigentlich nicht wollen und die unnötig sind.

Sie kostet sehr viel Energie und hat nichts Produktives.

Es ist schwer, sie zu beherrschen.

Euch Menschen geht es da nicht anders.

Angst besitzt uns und nicht umgekehrt.

Das ist kein gutes Gefühl.

Ich arbeite schon lange daran, sie besser zu kontrollieren, aber es will mir nicht so recht gelingen.

So manche Angst ist angeboren, im Instinkt enthalten.

Das sind die schlimmsten.

Sie können regelrechte Panik erzeugen.

Das ist nicht angenehm.

Der Kopf schaltet sich komplett aus, und der Körper reagiert nur noch.

Ich habe noch keinen Weg gefunden, damit klar zu kommen.

Angst beschäftigt uns alle schon seit Jahrtausenden.

Aber euch beschäftigt sie ganz besonders.

Und das Interessante ist, dass diese tief sitzenden Ängste, von denen ich spreche, gar nicht im Vordergrund sind.

Ihr habt anerzogene Ängste.

Ängste um die Existenz, Ängste vor dem Alter,

Ängste vor dem Alleinsein, Ängste vor Hunger, Not und Kälte.

Und das ist völlig unnötig!

Das kann ich wirklich nicht verstehen.

Diese Ängste könnte man abschalten und es würde euer Leben unendlich erleichtern.

Ihr müsst endlich einsehen, dass man den Lauf der Dinge eh nicht ändern kann.

Wir folgen alle einem höheren Plan.

Diese Ängste sind nicht nur überflüssig, sie sind auch noch völlig hinderlich auf dem Weg, sich zu entfalten.

Und ihr Menschen könnt es zu was bringen, wenn ihr euch öffnet und auf euer Herz hört.

Dafür müssen aber diese Ängste fort.

Es geht immer irgendwie weiter – diese Erfahrung hat ja wohl jeder schon einmal gemacht.

Ich möchte euch ermutigen, wieder mehr auf den Lauf der Dinge zu vertrauen. Dann findet ihr wieder zurück zur Natur und werdet ruhiger werden.

Das Leben ist so schön und voll! Aber viele von euch können das vor lauter Ängsten gar nicht mehr so sehen.

Das ist schade.

Nutzt doch die Möglichkeit, eure Triebe und Ängste besser zu kontrollieren als wir! Es ist eine Riesenchance.

VERTRAUEN

Ludmilla

Vertrauen ist so wichtig und zugleich so schwierig. Wir brauchen es für das Leben.

Das Leben ist manchmal so schwierig, dass wir glauben, es nicht meistern zu können.

Aber dann mangelt es uns nur an Vertrauen.

Die Große Kraft weiß schon, was gut für uns ist.

Ihr habt sehr wenig Verbindung zu ihr.

Wir haben da schon mehr. Aber manchmal fällt es auch uns schwer.

Aber ohne Vertrauen können wir nicht leben.

Diese ganzen inneren Zweifel hindern uns am Leben.

Es zieht währenddessen an uns vorbei. Wir müssen uns nur darauf einlassen.

Alles ist für irgendetwas gut – auch wenn wir es in dem Moment vielleicht nicht verstehen.

Wir verfolgen eine höhere Lernaufgabe.

Ihr könnt euch nicht gut ins Schicksal fügen, uns fällt es leichter. Das solltet ihr auch tun. Dann ist das Leben leichter zu ertragen.

Die Erde ist wunderschön, aber sie ist nicht gnädig oder zart.

Das Dasein hier gleicht manchmal einem Kampf.

Wir wissen, dass wir diesen Weg gehen, um zu etwas Höherem zu gelangen. Ihr habt das wieder vergessen, das macht es nicht leichter.

Wir wachsen an unseren Aufgaben und sind stolz darauf, auf der Erde sein zu dürfen. Eigentlich ist es ein Geschenk.

Wenn ich mir einige von euch so anschaue verstehe ich nicht, was aus euch geworden ist.

Ihr seid doch alle gleich ins Leben gestartet, voller Glück und Energie.

Wo ist die geblieben? Was hat das Leben aus euch gemacht? Oder besser – was habt ihr daraus gemacht?

Habt ihr eure Möglichkeiten genutzt, euer Leben gelebt, das Schöne gesehen, euch einfach am Leben gefreut?

So wie ein Kind? Warum geht das nicht mehr?

Ihr solltet mehr vertrauen – dann kommt alles von ganz alleine.

Die göttliche Kraft meint es gut mit uns, das müsst ihr doch auch spüren?!

Ich zum Beispiel bin so dankbar, dass ich hier gelandet bin, dass ich jeden Tag vor Freude juchzen könnte.

Ich weiß, dass das Leben auch anders sein kann und dass das hier ein Geschenk für mich ist.

Ihr geht an so etwas blind vorbei, seht gar nicht, wie gut es euch geht.

Das ist schade.

Ihr bringt euch selbst um so vieles.

Vertrauen ist der Schlüssel dazu.

Probiert es aus.

Ich wünsche euch Glück.

DAS VERGESSEN

Bertha

Das Vergessen ist ein Problem und ein Segen zugleich.

Wir vergessen vieles, was gewesen ist, oder erinnern uns nur an die guten Dinge im Leben.

Oder eben nur an die schlechten – so ist das bei euch oft.

Und das ist noch schlimmer. Es macht unglücklich.

Erinnerung vergoldet, sagt man. Häufig ist das auch so, aber oft eben auch nicht.

Wir sollten viel bewusster leben und dem Vergessen nicht so viel Raum geben.

Es macht vieles kaputt, was gut ist, und lindert zugleich unerträglichen Schmerz.

Ihr würdet nie mehr Kinder bekommen, wenn ihr euch an den Schmerz der Geburt voll erinnern und diese Erinnerung auch noch an eure Töchter weitergeben könntet!

Die Erinnerung und das Vergessen gehören zusammen. Aber wer wen bestimmt, ist nicht klar.

Die Leute sortieren gerne aus wie es ihnen gefällt. Aber das ist nicht immer gut fürs Leben.

Das Leben meint es eigentlich gut mit uns, kommt aber oft schlecht weg. Das ist nicht gerecht.

Es kommt immer auf den Blickwinkel an.

Bei starken Schmerzen, körperlich oder seelisch, mag es schwer fallen, das so zu sehen.

Es ist aber trotzdem so.

Im Grunde bringt es uns weiter auf unserem Weg.

Auch große Verluste bergen eine große Kraft. Man muss sie nur nutzen. Und das ist schwer.

Das Leben ist manchmal so schwer.

Aber davon dürfen wir uns nicht täuschen lassen.

Wir vergessen die guten Momente und geben den schlechten zu viel Gewicht.

So kommen wir nicht weiter.

Man muss auch mal das Schlechte vergessen und voller Optimismus nach vorne blicken.

Meint ihr, wir könnten sonst allen Ernstes voller Freude auf die Welt zurückkehren?

Viele von uns haben durch euch <u>nichts</u> Gutes erfahren. Aber wir sind frei von Vorwurf, wir haben nur eine angeborene Vorsicht, und wir sehen in euer Herz.

Viele meinen es tatsächlich böse mit uns. Für sie sind wir nicht mehr als Fleisch.

Aber es gibt Ausnahmen, und die machen uns froh und machen das Leben lebenswert.

Würden wir das vergessen und uns nur an die Schrecken erinnern, wäre das Leben für uns eine Qual. Aber das ist es nicht! Wir genießen es. Wir genießen jeden Tag.

So ein schöner Morgen mit einem schönen Wurm ist durch nichts zu ersetzen. Ich danke Gott dafür.

Vielleicht schafft ihr es auch, eure Sichtweise zu verändern.

Es lohnt sich. Ganz sicher.

Ich bin glücklich – warum sollt ihr es nicht auch sein?!

ANDERS SEIN

Brunella

Anders sein ist eine Kunst. Ich übe sie täglich aus.

Es fällt nicht immer leicht, die anderen legen einem Steine in den Weg.

Aber ich bin trotzdem gerne anders.

Manchmal macht es mich alleine und einsam. Aber das Anders sein ist stärker als ich, und ich habe aufgegeben, dagegen anzukämpfen.

Das klingt jetzt traurig, ist es aber nicht.

Wenn man es schafft, es anzunehmen, macht es manchmal richtig Spaß.

Was soll ich mit der Masse rennen, wenn es auf der anderen Seite doch viel interessanter ist?!

Manche Menschen bekommen dieses „Anders sein" mit in die Wiege gelegt. So ist es bei uns auch.

Man kann nichts dagegen tun.

Man kann sich damit anfreunden und es so gut wie möglich in den Alltag übernehmen.

Aber tief drin spürt man es immer.

Für euch Menschen ist das schwer, weil ihr gerne dazugehört, ihr wollt eine Einheit sein – geborgen in der Masse.

Dann kann es zum Problem werden.

Aber im Grunde genommen ist doch eh jeder für sich.

Wenn man das einmal erkannt hat, ist der Bann gebrochen.

Wir Hühner wissen, dass sich jeder selbst der Nächste ist.

In extremen Situationen wird das besonders deutlich.

Ihr wollt das nicht wahrhaben.

Es ist aber so.

Jeder kämpft für sich alleine ums Überleben.

Bei euch ist das Überleben so überlagert, dass es nicht mehr so auffällt.

Aber es ist das, was dahinter steht.

Es ist ja auch völlig in Ordnung.

Dieser Selbsterhaltungstrieb ist gottgegeben und stärker als wir. Ihr solltet ihn annehmen. Dann wird vieles leichter.

Auch ihr seid Teil der Natur, obwohl ihr euch gerne über sie erhebt. Aber das ist nicht möglich.

Sie ist in euch und das ist gut so.

Ich bin gerne anders und kann jeden nur ermutigen, es auch mal zu versuchen.

Die Welt aus einem eigenen Blickwinkel ist besonders schön.

Ich danke euch.

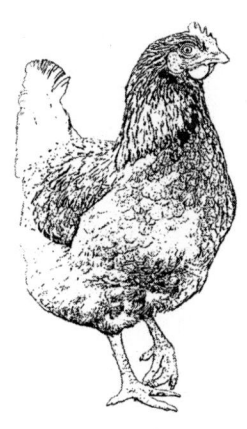

DAS VERLANGEN

Frieda

Wir haben ständig ein Verlangen nach etwas.

Manchmal können wir es gar nicht so genau benennen. Es ist einfach da.

Aber es stört. Es hält uns vom Wesentlichen ab.

Wir müssen uns davon frei machen. Das ist gar nicht so leicht.

Es gibt Grundverlangen, die gestillt werden müssen.

Das ist auch in Ordnung. Dagegen will ich gar nichts sagen.

Aber die ganzen Verlangen, die nicht lebensnotwendig sind, müssen weg.

Konsum macht uns kaputt.

Er entfremdet uns vom Wesentlichen, Eigentlichen, vom Lebenskern.

Ihr sucht alle ständig nach einem Sinn. Dabei ist er so einfach, dass ihr es nicht wahrhaben wollt.

Verlangen bringt uns vom eigentlichen, vom rechten Weg ab.

Der Sinn des Lebens ist das Leben an sich. Oder sehe ich das falsch?

Wenn man es schafft, sich dem Leben hinzugeben, ist es wunderschön.

Und unverfälscht ist es am besten.

Ihr seid so weit weg von dem, was wirklich zählt, dass ihr das alles gar nicht mehr merkt.

Ihr müsst mal wieder mehr die Verhältnismäßigkeit prüfen – dann wird es euch besser gehen.

Ihr dreht euch um Fragen, die nicht interessieren.

Ihr begehrt Dinge, die ihr nicht braucht.

Dinge, die euch nicht weiterbringen.

Einfach mal sein – das könnt ihr nicht. Ihr hinterfragt alles, sucht in allem einen Sinn und werdet dabei immer sinnloser.

Entfernt euch von euch selbst und dem Kern des Lebens.

Wir sind da besser dran.

Nicht so abgelenkt von so irrealen Bedürfnissen. Weniger ist mehr.

Ganz sicher.

Ich bin glücklich, so wie ich lebe. Und ich habe eigentlich nichts. Noch nicht mal Freiheit. Aber es ist okay.

Ich habe Freunde und ich habe Essen.

Und ich habe die Sonne. Was will ich mehr?!

Überprüft mal eure Bedürfnisse, schraubt sie zurück und ihr werdet gewinnen. An Lebensfreude und Energie.

Der Rest ist Ballast. Ihr braucht das nicht.

Ihr glaubt das nur.

Aber es geht auch anders.

Einige leben euch das vor und es beeindruckt euch.

Aber ihr seid nicht bereit, den Schritt zu gehen, es ihnen nachzutun.

Es würde sich aber lohnen.

Wer nichts zu verlieren hat, wird häufig reich beschenkt.

Nicht materiell – mit viel wichtigeren Dingen.

Ich spreche hier von echten Werten! Nicht von dieser Scheinwelt, die ihr euch geschaffen habt. Da ist es schwer zu überleben, wenn man nur mit diesen Maßstäben misst.

Ihr müsst umdenken. Dann werdet ihr glücklicher.

Und die Natur auch.

Wir sind ein System und wir wollen nur euer Bestes.

FRIEDEN

Agnetha

Frieden ist wichtig.

Frieden in Dir und Frieden im Außen.

Leider gibt es beides selten.

Das Außen können wir manchmal nicht so beein-flussen, und natürlich wirkt sich das auch auf unseren inneren Frieden aus.

Aber das ist nur ein Faktor.

Die anderen liegen in unserer Hand.

Es fällt uns schwer, zufrieden zu sein und mit uns selbst Frieden zu schließen.

Ständig stehen wir uns selbst im Weg, finden uns nicht richtig, meckern an uns rum, machen uns selbst unglücklich.

Das ist nicht richtig.

Wir sollten uns annehmen mit all unseren Fehlern, uns als wunderbares, einzigartiges Wesen betrachten.

Warum fällt uns das so schwer?

Denn wir sind ja eindeutig einzigartige Wesen.

Jeden von uns gibt es nur einmal.

Wir zerfleddern uns in Belanglosigkeiten und verlieren das Wesentliche aus den Augen.

Die Liebe zu uns selbst. Sie ist unersetzlich.

Ohne sie kommen wir nicht gut zurecht.

Ich habe gelernt, mich selbst zu lieben mit all meinen Fehlern und Stärken.

Ich kann über meine Schwächen lächeln. Und es geht mir viel besser seither.

Hat allerdings lange gedauert, das war nicht in einem Leben zu bewältigen.

Viele von euch verlieren das Ziel aus den Augen, weil ihnen der Weg so lang erscheint.

Aber das ist verkehrt.

Schon auf dem Weg werden wir reich beschenkt. Es lohnt sich, ihn zu gehen.

Ich bin froh, dass ich mich aufgemacht habe. Es macht frei. So wie ich es vorher nie gekannt habe.

Ich möchte euch ermutigen, den inneren Frieden wieder mehr in den Vordergrund zu rücken. Und euch dabei nicht von so vielen Dingen ablenken zu lassen.

Ihr neigt dazu, euch mit Reizen zu überdecken, ja fast zu ersticken.

Das ist auf diesem Weg sehr hinderlich, denn es macht weder frei noch glücklich.

Einige von euch haben das bemerkt und sind bereit, es zu ändern.

Ich kann nur sagen – hört nicht auf und nehmt andere mit! Sie werden es euch danken.

Zeigt ihnen, wie schön die Welt sein kann, wie schön man selbst sein kann. In seiner Einfachheit und Schlichtheit ist vieles Sein am Besten.

Das bringt Frieden. Ihr werdet sehn. Nur wer sich selbst liebt, kann Liebe weitergeben.

Das birgt den Frieden. Probiert es aus. Der innere Frieden führt unweigerlich zum äußeren.

Es gehört viel Liebe und Toleranz dazu.

Einige können das besser, andere schlechter.

Ein Gleichgewicht wäre schön.

Ich wünsche es euch. Und uns.

Dankeschön.

VOM LEBEN ALS HUHN

Brunella

Ich bin gerne ein Huhn.

Ich bin fleißig und ständig auf Zack.

Ich kriege alles mit und bin unglaublich schnell.

Im Denken und Handeln.

Würmer esse ich am liebsten. Aber Schnecken sind auch nicht schlecht.

Ist mal ne nette Abwechslung zu dem Körner-kram.

Einmal täglich lege ich ein Ei.

Das ist für mich der Höhepunkt des Tages. So kann ich euch danken für mein gutes Dasein.

Mit Fortpflanzung hat das schon lange nichts mehr zu tun, aber das ist o. k. für mich.

Manchmal beobachte ich spannende Szenen und amüsiere mich köstlich.

Am liebsten mag ich es, wenn sich zwei meiner Kolleginnen um denselben Bissen streiten.

Sie sind so herrlich naiv dabei.

Da kann das Schönste noch daneben liegen, das ist egal.

Das nehme ich mir dann.

Ich habe nämlich eine andere Intelligenz als die. Die Alltagsintelligenz. Das ist sehr nützlich.

Euch und eure Pferde beobachte ich auch gern.

Ihr seid lustig und fröhlich.

Eure Pferde zanken sich viel – ich liebe es, wenn sie rennen!

Es ist kraftvoll und schön.

Mir gefällt mein Körper aber auch. Federn sind schön und fühlen sich aufgeplustert einfach super an.

Und meine Beine sind stark.

Überhaupt sind wir zähe Tiere.

Ich bin gerne ein Huhn. Wirklich.

Das Leben macht Spaß.

Morgen mehr.

PECH

Fortuna

Die Dinge sind im Leben oft nicht so, wie sie am Anfang scheinen. Sie wandeln sich im Laufe der Zeit. Man muss nur abwarten und vertrauen.

Das Glück kommt von ganz alleine. Dann, wenn man am wenigsten damit rechnet.

Man muss sich natürlich fragen, was Glück für einen bedeutet. Das ist ja bei jedem sehr unterschiedlich.

Man muss auch überprüfen, ob die Vorstellung die man davon hat, angemessen ist. Liegt die

Messlatte sehr hoch, wird man nie glücklich.

Pech ist nicht gleich Pech. Pech gehört zum Leben dazu. Damit man das Glück zu schätzen weiß.

Das eine Pech ist wichtig für das Leben. Das andere Pech ist überflüssig. Wir empfinden es als solches, obwohl es das gar nicht ist.

Wir sind verwöhnt und überdrüssig. Das rächt sich dann.

Ich hatte in meinem Leben auch schon viel Pech. Aber es hat sich doch irgendwie alles zum Guten gewandelt.

Pech ist nämlich nicht gleich Schicksal. Das darf man nicht verwechseln.

Das Schicksal meint es manchmal scheinbar auch nicht so gut mit einem. Aber da ist immer zu hinterfragen, ob das auch wirklich so ist.

Bin mir da nicht sicher.

Seinem Schicksal entkommt man nicht. Da nutzt es auch nichts, sich zu bemitleiden. Da muss man sich fügen.

Aber Pech – da kann man etwas dagegen tun.

Rafft euch auf und geht es an, fügt euch nicht und lasst euch nicht hängen.

Betrachtet die Welt anders. Dann wird sich vieles zum Guten wenden.

Ich wünsche euch Glück.

LIEBE

Bertha

Die Liebe ist etwas Unendliches, etwas GROSSES.

Wir alle sehnen uns nach ihr und leben in ihr, leben durch sie.

Gott ist gnädig.

Er liebt uns alle. So wie wir sind. Er akzeptiert unsere Fehler und fördert unsere Stärken.

Wir vertrauen nicht genug auf die Liebe und ihre Kraft.

Sie ist unglaublich stark.

Sie kann wahrlich Berge versetzen.

Jeder von uns trägt einen Funken dieser göttlichen Liebe in sich.

In manchem ist sie zum Feuer entfacht. Das ist etwas ganz Wunderbares, es sollte mehr Menschen geben, die es in sich tragen. Es bewirkt total viel.

Es hat nichts mit der Liebe zu tun, von der ihr sprecht.

Es ist frei von Ansprüchen und Erwartungen.

Dieses Feuer ist Selbstzweck.

Es gibt, ohne nehmen zu wollen.

Es schenkt, ohne Dank zu erwarten.

Es erfreut, ohne traurig zu werden.

Es lebt, ohne sich zu verbrauchen.

Das ist schwer vorstellbar für euch.

Ihr habt gerne Gegenleistung, werdet gerne gebraucht, seid gerne behütet und habt gerne alles unter Kontrolle.

Das hat diese Liebe nicht nötig.

Sie ist zart und kräftig zugleich.

Sie ist stark und kann Schwäche zeigen.

Sie ist groß und macht sich nicht klein.

Ihr solltet diese Liebe mehr zulassen.

Sie ist heilsam und wohltuend.

Und sie ist immer da.

Ich weiß auch nicht, warum ihr sie nicht sehen könnt.

Sie ist in jeder Blume, in jedem Käfer, in jedem Wurm.

Aber sie dringt nicht bis an euer Herz. Es ist zu fest verschlossen.

Zu sehr ummauert.

Das ist schade.

Wenn ihr euch wieder mehr an diese göttliche Energie anschließen könntet, würde es euch besser gehen.

Und ihr könntet wieder mehr vertrauen.

Vertrauen in das Leben und seine Windungen – bis hin zum Tod.

Er hat nichts von dem Schrecken, den ihr ihm gebt.

Auch in ihm lauert Gottes Liebe. Sie empfängt uns und macht uns stärker.

Ihr solltet den Tod nicht fürchten.

Es ist schwer, sich zu lösen. Aber hat man es

einmal geschafft, ist man empfangen von Liebe und Licht.

Und das ist sehr schön, kann ich euch sagen.

Die Liebe ist etwas sehr Wesentliches, die in eurem Leben oft fehlt oder nicht gesehen wird.

Sie ist überdeckt von Anstrengung und Leid – was ihr euch aber oft selbst geschaffen habt.

Selbst auferlegte Schuld, unangemessene Arbeit, zuviel selbst gemachter Druck.

All das entfremdet uns von der Liebe und wir fragen uns, was von uns eigentlich noch übrig geblieben ist.

Aber es ist nie zu spät, gegenzusteuern. Das geht in jedem Augenblick.

Die göttliche Kraft ist da und sie wartet auf euch. Immer.

Es ist ein Segen. Ich danke ihr.

Sie macht mein Leben lebenswert, mein Herz so leicht, meinen Weg so viel angenehmer. Ich fürchte meinen Weg nicht, sollte er auch steinig sein.

Diese Energie, von der ich spreche, steht mir immer zur Seite, und das ist gut zu wissen.

Die Liebe erleuchtet uns. Schaut euch Kinder an.

Dann werdet ihr verstehen.

Lasst nicht zu, dass ihr dieses Feuer verliert.

Das wäre schade.

Kinder sind eine Riesenchance. Nutzt sie und verderbt sie nicht.

Sie sind das Leben.

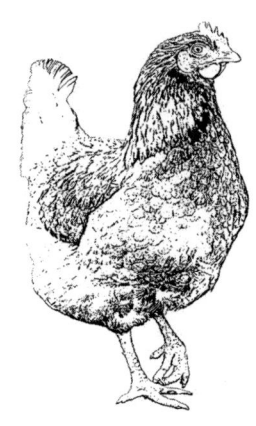

ZUFRIEDENHEIT

Frieda

Zufriedenheit können wir uns nicht erwerben.

Wir haben sie oder eben nicht.

Sie liegt zum großen Teil in unserer Hand.

Und genau das ist das Problem.

Ihr strebt immer nach Höherem, Besserem, Weiterem und das macht gar nicht zufrieden.

Einfach mal das sehen können, was wir haben – das fällt schwer.

Euch Menschen noch mehr als uns.

Wir Hühner sind eigentlich recht zufrieden.

Es gibt immer wieder einige unter uns, die quer schießen.

Aber die meisten sind recht glücklich und verlangen nicht viel vom Leben.

Ihr dagegen habt hohe Erwartungen, und es ist nie genug.

Das ist schade, weil euch damit das Glück und die Fülle, die vor eurer Nase ist, entgeht.

Wie kann man euch dabei helfen?

Ich weiß es ehrlich gesagt auch nicht.

Es liegt in eurer Natur, dass ihr euch nicht schnell mit etwas zufrieden gebt.

Manchmal ist das ja auch gut. Aber meistens ist es ein Problem – für euch.

Wir hinterfragen nicht so viel.

Wir nehmen vieles als gottgegeben hin und versuchen nicht, dagegen anzukämpfen.

Ein Kind zu verlieren ist für uns zum Beispiel ebenso schlimm wie für euch.

Ihr glaubt uns das nicht, weil wir nicht für euch sichtbar leiden.

Aber das Leben muss ja weitergehen. Es gibt

keinen Stopp deshalb.

Wir nehmen es als von Gott gewollt an und machen weiter wie bisher.

Aber unsere Herzen haben eine Wunde.

Die ganze Zeit darüber nachzudenken, führt zu nichts außer zu großer Unzufriedenheit und Trauer.

Zufriedenheit ist ein Geschenk. Es ist eine Gabe, das Beste aus der gegebenen Situation zu machen.

Aber eigentlich trägt sie jeder in sich. Der eine kann es mehr leben, der andere weniger.

Ihr müllt euch zu mit unnötigen Reizen und Konsumgütern. Das führt von eurem Weg ab.

Es macht nicht zufrieden. Es betäubt Schmerz oder was auch immer.

Aber zufrieden macht es nicht.

Zufriedenheit kann man sich nicht kaufen. Man muss sie leben. Ich tue es, und es geht mir gut damit.

Ich danke euch, dass ihr mir zugehört habt. Vielen Dank.

STINKIG

Brunella

Manchmal bin ich stinkig.

Wenn ich nicht früh genug rauskomme zum Beispiel.

Ich habe meine Zeit nicht zum Vertrödeln.

Wenn das Tageslicht da ist, möchte ich mit meinem Tun beginnen.

Ich mag es nicht, zu warten.

Ich habe immer viel vor.

Unser Auslauf ist groß, das will alles an einem

Tag erforscht werden.

Da hat sich über Nacht einiges verändert.

Es sind neue Tiere dazugekommen und andere sind weggegangen.

Blätter liegen anders, Zweige sind abgeknickt oder ein Stein liegt nicht mehr da, wo er vorher war.

Das will ich mir alles anschauen und richten.

Wir nehmen das, was wir tun, sehr ernst.

Deshalb möchte ich nicht warten, sondern sofort beginnen.

Ich verpasse ne Menge, wenn ich erst so spät starte.

Die besten Funde macht man in der Früh.

Es ist dann auch ein Wettrennen mit den anderen, wer es zuerst sieht.

Draußen sein zu können, ist einfach phantastisch.

Ich liebe den Wind und die Sonne.

Den Regen nicht so. Obwohl danach tolle Würmer da sind.

Spatzen mag ich auch.

Sie kommen uns viel besuchen.

Baden in unserem Staub und trinken aus unserer Tränke.

Aber das macht nichts.

Sie sind nette kleine Kerlchen, da teile ich gerne.

Sie sind lustig und quirlig, es macht Spaß, sie zu beobachten.

Bei denen ist immer was los.

Sie sind sehr gesellig und auch sehr geschäftig, genau wie wir Hühner.

Nur ganz so geschwätzig sind wir nicht.

Es ist schön, draußen zu sein und das alles sehen und erleben zu dürfen! Das macht mein Herz froh und meine Eier schmackhaft.

Ich gebe sie euch gerne, ich kriege es tausendfach zurück.

GELASSENHEIT

Fortuna

Gelassenheit ist eine Kunst, die uns Hühnern leider oft abgeht.

Sobald ein Mensch oder ein Fuchs in die Nähe kommt, ist es vorbei mit der Gelassenheit.

Solange wir für uns sind, können wir sie ganz gut leben.

Und es fühlt sich richtig gut an!

Da habt ihr uns tatsächlich echt was voraus – zumindest einige von euch.

Einige von euch schaffen es, sich nicht zu viele

Gedanken um unnötige Dinge zu machen, halten ihre Sorgen in Schach und leben einfach in den Tag hinein.

Es sind wenige, aber es gibt sie.

Gelassenheit ist eine Tugend, die jedes Lebewesen anstreben sollte – denn sie macht frei.

PROSTITUTION

Ludmilla

Wir alle prostituieren uns auf eine bestimmte Art und Weise.

Und jeder verurteilt es und macht es im Endeffekt doch selbst.

Ich spreche natürlich nicht von der Prostitution im eigentlichen Sinne.

Aber jeder von uns verkauft sich irgendwie – sei es nun gut für ihn oder nicht.

Manche gaukeln sogar falsche Tatsachen vor.

Bei uns Hühnern ist die Rangordnung ganz entscheidend.

Ist man nicht ranghoch, muss man sich umso mehr prostituieren.

Ungeachtet des eigenen Seelenfriedens.

Ihr kennt das auch. Man muss sich anbiedern und durchbeißen.

Ob es einem schmeckt oder nicht.

Ausnahmen bilden nur die Individualisten. Und im Grunde genommen machen sie es genau richtig.

Was interessiert uns, was die breite Masse von uns hält?!

Wofür ist das eigentlich wichtig?

Könnt ihr mir das mal erklären? Wer belohnt uns dafür, wenn wir uns wider besseren Wissens anpassen?

Keiner – diese Erfahrung hat wohl auch jeder schon einmal gemacht.

Vielleicht steigen wir im Rang auf. Aber fühlen wir uns gut dabei?

Sind wir uns selbst treu geblieben?

Eher nicht.

Der Preis für Erfolg ist manchmal hoch.

Die Selbstprostitution.

Und das sollte man sich gut überlegen.

Am Ende eines Tages sollte man sich immer noch guten Gewissens in die Augen gucken können.

Seit ich nach diesem Prinzip lebe, komme ich viel besser klar.

Natürlich habe ich auch mal einen schlechten Tag. Das ist ja auch normal.

Aber ich gucke dann erstmal bei mir, was eigentlich los ist und nicht bei den anderen.

Ich projiziere nicht noch mehr auf das Außen oder biedere mich noch mehr an.

Man muss sich immer selbst treu bleiben. Das ist nicht immer so leicht. Dafür muss man nämlich erstmal wissen, wer man selbst eigentlich ist.

Das fällt vielen Menschen ja schon schwer.

Uns Hühnern zum Glück nicht so – nicht weil wir vielleicht nicht so vielschichtig wären wie ihr. Das sind wir ganz sicher, ihr glaubt es nur nicht.

Nein – wir ruhen einfach mehr in uns. Sind nicht so abgelenkt von der lauten Umwelt.

Wir finden mehr zur Ruhe und können uns darauf konzentrieren, wer wir sind.

Das ist wichtig, um sich nicht selbst zu verraten.

Ihr lebt in dieser schnellen, rastlosen, lauten Welt. Da ist es nicht leicht zu bestehen, wenn man Individualist ist oder sogar gegen den Strom schwimmt.

Aber es ist möglich und am Ende fühlt man sich besser damit. Das kann ich euch versprechen.

Der Weg ist sicherlich härter, aber auf keinen Fall schlechter. Ein steiniger Weg ist zwar mühsamer, aber interessanter.

Und am Ende hat man viel gelernt.

Widerstandskämpfer waren solche Menschen, und ich habe noch heute Hochachtung vor ihnen.

Sie dürfen nicht vergessen werden.

Sie machen die menschliche Rasse zu etwas Besonderem.

Mitläufer gibt es überall. Denkt mal darüber nach.

Dankeschön.

DANKBARKEIT

Agnetha

Ich möchte an dieser Stelle einmal über die Dankbarkeit reden.

Sie ist unglaublich wichtig und wird so oft vergessen.

Die Menschen nehmen vieles als selbstverständlich und gottgegeben hin.

Erst wenn es nicht mehr da ist, bemerken sie, dass es nicht normal war.

Das ist schade.

Dankbarkeit sollte sich wie ein roter Faden durch unser Leben ziehen.

Das Leben hätte es verdient. Es ist schön und liebenswert.

Es lohnt sich jeden Tag zu leben, und mit Dankbarkeit geht es noch viel besser, ist es noch viel intensiver.

Manchmal kann man sie auch erst finden, wenn es einem richtig schlecht ging.

Aber so weit muss man es ja nicht kommen lassen.

Es ist jederzeit möglich, umzudenken, und es würde die Welt ein bisschen besser und eines jeden Leben ein wenig lebenswerter machen.

Probiert es aus – ihr werdet staunen!

Ich danke euch.

TAGESIMPRESSIONEN

Brunella

Die Sonne scheint mir auf die Federn. Ich fühle mich wunderbar.

Gestern war so mieses Wetter, dass ich kaum rausgehen wollte.

Da gefällt es mir heute schon viel besser.

Die anderen sind auch wieder besser gelaunt. Regen macht miese Stimmung.

Wir sind gerne unterwegs und erkunden das Gelände.

Das, was hinter dem Zaun ist, würde mich schon auch interessieren. Hier kenne ich inzwischen alles.

Aber es ist auch okay. Das gibt Sicherheit.

Überhaupt ist es schön, dass wir hier so viele Bäume und Büsche haben. Da sind wir gut geschützt gegen Feinde aus der Luft.

Die sind nämlich nicht zu unterschätzen.

Es trachten uns so einige nach dem Leben. Da darf man gar nicht drüber nachdenken.

Der Boden ist so schön nach Regen, wenn der Wind ihn vorbereitet hat. Dann ist er richtig super zum Scharren.

Macht richtig Freude und ist auch recht erfolgreich.

Ich bin jetzt müde und habe keine Lust mehr zu reden.

Ich werde mich jetzt eine Weile ausruhen.

Vielleicht erzähle ich morgen noch mehr. Bis dann.

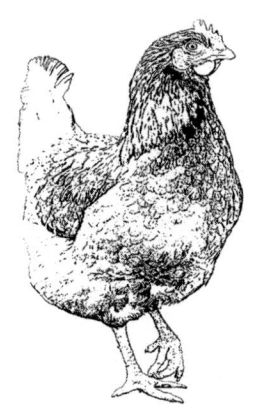

MOTIVATION

Frieda

Ich möchte über die Motivation sprechen.

Motivation ist der Motor jedes Lebens.

Sie ist unglaublich wichtig und wird weithin unterschätzt.

Sind wir nicht mehr motiviert, sterben wir.

Wir Hühner sind sehr eifrig und fleißig.

In euren Augen mag das anders erscheinen, aber wir haben jeden Tag unser Tun. Und wir haben eine riesengroße Motivation dazu.

Mit dem ersten Licht des Tages wollen wir beginnen und vor dem letzten Licht des Tages wollen wir nicht ruhen.

Ihr Menschen habt auch eine große Motivation.

Nur ist sie manchmal leider etwas fehlgeleitet.

Es geht viel um Profit und Geltungssucht.

Wenig um Nächstenliebe und Partnerschaftspflege.

Nicht dass wir so großherzig wären. Nein. Wir kümmern uns eigentlich nur um uns. Aber eben im Kleinen.

Wir wollen nicht so hoch hinaus. Das heißt, wir können auch nicht so viel Schaden anrichten.

Wer hoch aufsteigt, kann tief fallen.

Und er trägt im Zweifelsfall Verantwortung.

Das vergesst ihr gerne. Weil ja jeder im Grunde doch auch nur an sich selber denkt.

Das ist in diesen Dimensionen dann schwierig.

Motivation ist also wichtig, aber mit Bedacht einzusetzen.

Ein Kind braucht Motivation, um Gehen zu lernen und es braucht Motivation, um in die Schule zu gehen.

Aber was treibt uns wirklich an?

Was steckt wirklich dahinter?

Ist es ein reines Anliegen?

Oder geschieht es aus Gier?

Gier ist nie gut, aber unter Menschen nicht selten.

Wir Hühner denken zwar nur an uns, sind aber trotzdem sozial.

Das ist bei euch nicht unbedingt so.

Ich will nicht sagen, dass es das bei Menschen gar nicht gibt, aber es ist selten.

Wer nimmt sich schon die Zeit für andere, einfach nur aus reiner Motivation heraus?

Ohne Hintergedanken, ohne Sinn und Zweck. Die wenigsten.

Es würde der Welt aber gut tun.

Kinder sind gut für diese Welt.

Sie sind noch so.

Sie sind rein und haben eine starke Motivation.

Natürlich auch mit einer Portion Eigennutz. Aber das ist ja auch völlig normal und natürlich.

Nichts, was man verurteilen sollte.

Dazu neigt ihr übrigens sowieso zu schnell, zum Verurteilen.

Kinder können die Welt verändern, wenn man sie nur lässt.

Ihr meint immer, ihr habt das alles besser im Griff als so ein Kind.

Das stimmt aber nur bedingt. Ihr solltet euch mal mehr darauf einlassen so zu denken wie ein Kind oder so zu gucken wie ein Kind.

Sie haben euch vieles voraus.

Ihr könnt von ihnen lernen – nicht umgekehrt.

Ich spreche hier von den wirklich wichtigen Dingen für das Leben.

Nicht von Benimm oder Anstand. Das ist zweitrangig.

Die Motivation eines Kindes ist zu Großem fähig.

Weil sie rein ist.

Ihr solltet euch den Kindern mehr annehmen.

Lernt von euren Kindern und das Leben wird schöner sein.

Dankeschön.

DAS HERZ

Agnetha

Das Herz ist ein wichtiges Symbol in eurer Kultur.

Es steht für Liebe und Gutes – aber auch für Kraft und Engagement.

Viele Menschen zeigen Herz und riskieren dabei ihr seelisches Herz. Das ist nämlich durchaus vom organischen Herz zu unterscheiden.

Euer seelisches Herz ist die Eintrittspforte für jegliche Emotion.

Sei es gute oder schlechte.

Daher sind eure Herzen gut geschützt. Das tut auch Not, das gebe ich zu.

Aber man muss sie nicht in den Kerker sperren.

So gefährlich ist die Welt nun auch wieder nicht.

Und so viele ruhiggestellte Herzen tun ihr nicht gut.

Die Welt muss die Herzen wieder schlagen spüren, sie müssen sich öffnen, sie müssen rauskommen, die Mauern durchbrechen!

Viele von euch können gar nicht mehr richtig fühlen, weil sie so übersättigt sind.

Damit geht viel verloren.

Auch viel Gutes für die Herzen.

Sie sind zwar vor Gefahr geschützt, aber sie können auch nichts mehr gewinnen.

Unsere kleinen Herzen sind offen und leben jeden Moment.

Wir sind auch sensibel, so ist es nicht.

Aber wir filtern sehr genau, was eigentlich uns betrifft und was nicht.

Viele Emotionen – gerade die schlechten – kann man nämlich gerne getrost beim Sender lassen.

Das hat mit dem Empfänger oft gar nichts zu tun.

Uns geht es besser damit.

Wir können uns ja nicht das Leid der ganzen Hühner aufbürden. Da sind wir nicht stark genug.

Zickt mich eine an, nehme ich das hin. Aber ich verüble es ihr nicht und trage es nicht nach.

Das schadet dem Herzen und legt es in Ketten.

Das müsst ihr noch lernen.

Die Herzen sind groß und stark – vor allem das emotionale Herz.

Das kann ne Menge ab, wenn man es nur gut filtert.

Und Freude mal wieder so richtig mit dem Herzen zu empfinden, ist eine wirklich tolle und große Sache. Allein dafür lohnt sich der Versuch.

Probiert es aus, es wird euch gefallen.

Befreit eure Herzen, holt sie aus den Kellern, entfernt die Fesseln, lasst sie frei!!

Es wird gigantisch werden.

Dankeschön.

LOSLASSEN

Bertha

Loslassen ist ein großes Thema im Leben.

Man muss Probleme loslassen, Vergangenheit loslassen, Ängste loslassen und man muss seine Kinder loslassen, damit sie ihren eigenen Weg gehen können.

Das fällt besonders schwer.

Ihr tut euch schwer mit diesem Loslassen.

Ihr haltet gerne an Altlasten fest und blockiert euch damit für die Gegenwart.

Das ist nicht gesund, das macht krank.

Denn Körper und Geist sind für dieses Leben untrennbar miteinander verbunden.

Ihr solltet mehr loslassen, dann käme euch das Leben leichter vor.

Wenn man wirklich im Jetzt lebt, ist es meist gar nicht so schwer.

Ihr denkt viel an morgen und auch viel an gestern.

Ich weiß nicht, was eigentlich hinderlicher ist.

Beides ist wohl gleichwertig.

Wir Hühner sind da anders.

Wir freuen uns über jeden Moment, über jeden Wurm, über jedes Korn.

Es geht ums Überleben, das ist klar.

Aber wir leben nicht die ganze Zeit in der Angst vor dem Tod.

Das wäre ja schön blöd.

Das Ziel ist schon klar und liegt deutlich im Morgen, und trotzdem genießen wir den Moment.

Und an gestern denken wir gar nicht. Das ist ja total überflüssig.

Loslassen fällt so schwer, dabei ist es so leicht.

Ich wünsche euch wirklich, dass ihr es lernt.

Es befreit das Herz und lässt den Körper gesunden.

Und eure Kinder werden davon profitieren.

Je mehr man sie loslässt, umso besser können sie sich entwickeln und IHREN Weg gehen.

Ich meine damit nicht, dass man sie alleine lässt.

Ihr sollt sie schon stützen, aber nicht drängen oder einengen.

Es ist ein Balanceakt, der gekonnt sein will.

Aber eure Kinder werden es euch danken, wenn ihr es versucht.

Es lohnt sich.

In euren Kindern steckt so viel Potential, es muss sich nur entfalten dürfen.

Lasst ihnen die Freiräume, selbst zu entscheiden, wo sie langgehen werden.

Es wird euch manchmal überraschen, aber nie enttäuschen.

Enttäuscht werdet ihr nur, wenn ihr sie in etwas hineinzwingt, wo sie nie hinwollten.

Ihr habt sie aber nicht danach gefragt oder nicht auf sie gehört.

Besser zuhören hilft da sowieso ne ganze Menge.

Die Menschen sagen eigentlich, was sie stört, oder zumindest, was sie wollen.

Es wird nur gerne mal überhört, weil es dann nicht in eure Vorstellung passt.

Und das müsst ihr eben auch loslassen, eure Vorstellungen.

Vor allem die vom Leben anderer. Das geht euch nichts an.

Ihr habt schon mit euch selbst genug zu tun.

Glaubt mir das. Ich sehe das jeden Tag – bei uns und bei euch.

Aber ihr habt ein Riesenkapital, euren Verstand. Und ihr könnt ihn bewusst einsetzen! Dann tut das auch.

Zum Wohle aller.

Manchmal habe ich das Gefühl, euer Verstand wurde ausgeschaltet. Ansonsten könnten viele Dinge doch nicht so laufen! Das könntet ihr doch nicht wissentlich zulassen, oder?!

Oder ist es die Bequemlichkeit?

Dann solltet ihr die auch endlich mal loslassen.

Das geht sonst nämlich nach hinten los.

In der neuen Generation liegt eine große Hoffnung. Ich bin mal gespannt, ob das was wird mit der Kehrtwende …

Es wäre schön.

Aber ich schweife vom Thema ab.

Loslassen ist der Schlüssel zu vielem Leiden.

Manchmal erkennt man das erst auf den zweiten Blick.

Daher lohnt es sich immer, noch mal genauer hinzuschauen.

Jeder ist für sich selbst verantwortlich.

Nicht mehr und nicht weniger.

Dankeschön.

MOMENTAUFNAHMEN

Brunella

Heute habt ihr Besuch bekommen. Da ist richtig was los.

Die Hunde haben viel Spaß zusammen.

Das ist schön zu beobachten. Nur mir sollen sie bitte nicht zu nahe kommen. Ich fürchte sie ein wenig.

Obwohl sie beide eigentlich nicht böse sind – und sehr satt. Keine wirkliche Gefahr.

Bei uns ist heute alles wie immer. Zum Glück.

Ich liebe unverhoffte Zwischenfälle nicht so.

Letztens ging es Frieda so schlecht. Das war nicht so schön. Mir ist es lieber, wenn wir alle fidel und lustig sind. Dann können wir richtig Spaß haben.

Nur Ludmilla ist manchmal ein Miesepeter. Sie erzieht an uns rum. Das nervt. Aber heute ist sie ganz gut drauf.

Ich habe heute auch schon eine Maus gesehen.

Die mag ich auch. Ratten gefallen mir nicht.

Die sind böse und hinterhältig.

Nachts kommen sie aus ihren Löchern und sorgen für Unruhe. Hier sind zum Glück nur wenige.

Na, so bin ich auf jeden Fall rundum zufrieden und glücklich heute. Der Wind zaust in meinen Federn, alles ist bestens.

Macht euch auch noch einen schönen Tag, wir tun es auch.

STORNIERUNGEN

Fortuna

In eurer Welt gibt es etwas Tolles, das nennt sich Stornierung.

Damit kann man etwas rückgängig machen, das man bereits in Gang gebracht hat oder bestellt hat.

Im Leben ist das nicht möglich.

Jeder Schritt, den man in eine bestimmte Richtung gemacht hat, zieht unweigerlich unglaublich viele Dinge nach sich.

Setzt Dinge in Bewegung, verändert das Gefüge, macht Unwiederbringliches.

Das mag ja auch manchmal gut sein, aber oft ist es eben gar nicht gut.

Da wünscht man sich, man könnte stornieren, und alles wäre wieder gut bzw. zumindest so wie vorher.

Das Problem an der ganzen Sache ist, dass ihr euch vorher oft keine Gedanken über die Tragweite eurer Entscheidungen macht. Und das, obwohl ihr euch doch sonst um alles 'nen Kopf macht.

Das Leben ist so, dass es nie, wirklich nie ein Zurück gibt.

Jedes gesprochene Wort, ja sogar jeder Gedanke (das geht jetzt wahrscheinlich wieder zu weit für euch) bewirkt etwas in seinem Umfeld.

Sei es gut oder schlecht.

Und Taten noch viel mehr. Manchmal gibt es einen regelrechten Dominoeffekt. Das ist nicht immer lustig.

Ihr sollt euch nicht noch mehr Gedanken machen – ihr sollt euch nur eurer Wirkung bewusst sein.

Sonst bereut ihr es vielleicht irgendwann, und so soll es nicht sein. Im Großen wie im Kleinen.

Ich würde mir auch manchmal Stornierungen wünschen, aber ich nehme es als Lektion und bin von da ab noch ein Stück bewusster und achtsamer mit mir und mit anderen.

Das ist wichtig für ein gutes, gemeinsames Überleben.

Ich danke euch.

GEDANKEN

Brunella

Heute habe ich nicht viel zu erzählen.

Ist nicht so viel passiert.

Das Wetter ist ganz passabel, die Stimmung auch.

Hab auch schon ein, zwei schöne Würmer gefunden, aber heute ist es etwas dürftig.

Mit dem Eierlegen läuft es zurzeit auch nicht so rund.

Aber das geht allen so, von daher mache ich mir keine Sorgen.

Gibt immer mal so Phasen, wo es besser läuft, und welche, wo es nicht so recht klappen will.

Ich weiß aber, dass ihr mich da nicht stresst, und das ist gut.

Ich lebe hier wirklich glücklich und friedlich vor mich hin und genieße das sehr.

Eure Pferde verstehen sich zurzeit besser.

Sie ist irgendwie ausgeglichener. Er aber auch. Das ist schön.

Ich hab's gerne ruhig und friedlich um mich herum. Obwohl – ist auch egal.

Mal so'n echter Streit ist auch nicht schlecht und ja auch total normal.

Wir streiten uns hier öfter.

Wegen Kleinigkeiten. Aber echt.

Aber es ist nie wirklich ernst. Keine würde der anderen wirklich was tun, nur weil sie schöner ist oder das bessere Korn erwischt hat.

Ich bin wirklich gerne ein Huhn.

Wir sind im Großen und Ganzen sehr friedliche und zufriedene Tiere.

Wir sind eine angenehme Gesellschaft, mit uns umgibt man sich gerne. Das zeigt ja auch die Menschengeschichte.

Irgendwo tauchen wir immer auf. Wir sind einfach gut.

Dankeschön.

LEBENSLINIEN

Fortuna

Jeder schreibt seine eigene Geschichte und ist auch ganz alleine dafür verantwortlich.

Das ist ein Segen, aber auch ein Fluch.

Denn deshalb kann man die Schuld nie bei anderen oder im Außen suchen.

Für seine Entscheidungen ist man ganz alleine verantwortlich.

Sicher gibt es manchmal Druck von Außen, und es ist nicht immer leicht, da dagegenzuhalten.

Aber man sollte es tun. Man muss sich selbst

treu bleiben, sonst wird man unglücklich.

Gruppenzwang ist da ein großes Problem, für das es auch nicht wirklich eine Lösung gibt.

Denn die Mächtigen sehen Eigenmächtigkeit oft nicht so gerne. Es nimmt ihnen ja was von ihrer Macht – wie das Wort schon sagt.

Ich finde es wichtig, dass man seine Lebenslinien selbst bestimmt und sie nicht fremdbestimmen lässt.

Eigentlich ist es ganz leicht – es gibt immer ein Hintertürchen oder Nebenstraßen, um dem Druck zu entkommen.

Bei uns ist der Druck der Gruppe manchmal auch enorm.

Aber mit meinen kleinen Ausflüchten komme ich gut klar.

Und das Zurückblicken macht dann viel mehr Spaß.

Man sollte doch am Ende seines Lebens nicht denken, dass man besser einen anderen Weg gegangen wäre, oder?

Manchmal schlängeln wir uns so dahin und sind nicht besonders geradlinig, aber das ist auch o. k.

So ist das Leben eben. Voller Überraschungen.

Die muss man in seinen Weg einbauen, flexibel bleiben.

Das hält lebendig und frisch.

Auch hier könnte ich wieder auf die Kinder verweisen. Sie sind wirklich große Lehrmeister für uns.

Das Leben ist eine große Freude. Man wächst jeden Tag an seinen Aufgaben und an seinen Gedanken.

Nie sind wir wieder so wie gestern.

Ist das nicht toll?

Es wird nie langweilig. Ich liebe das Leben.

Dankeschön.

LEBENSLÜGE

Ludmilla

Dies wird mein letzter Beitrag werden. Alles Weitere würde zu Wiederholungen führen. Das möchte ich nicht.

Die Lebenslüge.

Sie ist das Schlimmste, was einem passieren kann. Und es geschieht immer wieder.

Ich muss ein wenig ausholen, damit ihr mich verstehen könnt.

Als ich noch klein war, habe ich gedacht: So möchte ich nicht leben – dieses Leben ist nicht lebenswert.

Am Liebsten wäre ich gestorben.

Ich fühlte mich so alleine und so nutzlos in dieser Welt.

Zu dem Zeitpunkt betrachtet, war ich es sicher auch.

Aber Gott hatte andere Pläne mit mir.

Er ließ mich nicht gehen, ließ mich wachsen und gedeihen und zu einem stattlichen Huhn werden.

Und dann kamst du.

Du hast mich gesehen und gekauft. Und von dem Tag an war mein Leben voller Freude und Glück.

Ich durfte erfahren, was es heißt, geliebt zu werden, wie es ist, als wichtig angesehen zu werden, jemand zu sein.

Und ich durfte spüren, wie sich das Gras unter meinen Füßen anfühlt, durfte schmecken, wie wunderbar Würmer sind, und durfte die Sonne auf meinem Nacken spüren.

Dieses Leben ist so wundervoll und reich, dass ich es um nichts in der Welt hergeben oder eintauschen wollte!

Es ist mein persönliches Geschenk vom Leben.

Ich hätte nie gedacht, dass es mir eines Tages so gut gehen würde.

Das alles verdanke ich Dir, du bist wunderbar.

Du sagst, du hättest keinen Anteil daran, es wäre meine Bestimmung.

Das stimmt aber nur bedingt.

Was derjenige konkret daraus macht, ist schon sehr individuell und nicht bis ins Letzte vorherbestimmt.

Sicher war es mein Schicksal, nicht unter Neonröhren alt zu werden.

Und ich danke Gott dafür, dass er es für mich so vorgesehen hatte.

Aber dass es so läuft, wie es hier läuft, liegt an euch.

Ihr füllt den Raum mit Licht. Und das ist nicht selbstverständlich.

Jeder könnte das tun, und keiner darf sich auf Gott ausruhen. Das ist gefährlich.

Das verleitet nämlich zum Nichts-Tun, zum „Ich-kann-ja-eh-nichts-ändern"-Denken.

Aber das stimmt nicht.

Jeder hat die Macht, wenigstens in seinem Umfeld Licht zu verbreiten, und eigentlich ist er dazu auch verpflichtet. Denn dazu hat er es bekommen.

Das Leben ist immer lebenswert, egal, wie tief einem das Tal auch erscheinen mag.

Es geht immer weiter, und irgendwann geht es wieder bergauf und der Ausblick wird herrlich sein.

Man darf nicht der Resignation verfallen. Dann passiert sie, die Lebenslüge.

Man erwartet etwas völlig Falsches vom Leben und glaubt nicht mehr daran, dass es auch anders sein kann.

Wenn man dann nicht so ein gnädiges Schicksal oder gute Engel an der Seite hat, kann es durchaus passieren, dass man in ihr stecken bleibt. Nicht mehr rauskommt.

Gefangen von den eigenen schlechten Gedanken und Gefühlen.

Erwartungen bewirken viel.

Fast wäre es mir auch so ergangen. Zum Glück ist es anders gekommen.

Viele Engel begleiten uns auf unserem Weg.

Wir müssen es ihnen nur gestatten, uns zu leiten.

Sie meinen es immer gut mit uns.

Ich denke, dass niemand eine Lebenslüge leben muss.

Es gibt immer einen Ausweg.

Für jeden einen eigenen, ganz speziellen.

Man muss sich nur öffnen und nicht erstarren in negativen Gedanken.

Ich kann nur sagen, es lohnt sich, den Ausweg zu suchen.

Sollte ein Leser in einer solchen Situation sein, sollte er versuchen, seinen Blickwinkel ein wenig zu verändern.

Oft tun sich dann Türen auf. Die muss man dann aber auch sehen und nutzen.

Dann wird das Leben ganz anders verlaufen.

Und seid euch gewiss – es gibt immer gute Mächte, die uns begleiten.

Ich danke euch.

LEBENSKUNST

Agnetha

Das Leben ist wie ein Gemälde.

Wir können es selbst gestalten und vor allem selbst die Farben aussuchen.

Es ist schon vorgegeben, was für eine Art Bild es wird, aber wie wir es im Endeffekt umsetzen und ausführen, liegt an uns.

Mein Leben wird täglich bunter – so auch mein Gemälde.

Natürlich könnte es auch ganz anders laufen.

Ich gebe schon zu, dass die äußeren Einflüsse

nicht unerheblich sind.

Aber vieles liegt auch in uns selbst.

Etliche Bilder müssten nicht so grau und düster sein, wie sie sind.

Man kann es auch mit einem Gesamtkunstwerk vergleichen, das sich immer weiterentwickelt und stündlich verändert.

Das Leben ist immer lebendig, Stillstand kennt es nicht. Es hat immer Schwung und Bewegung.

Jeder ist sein eigener Bauherr, Architekt, Künstler.

Es gibt die interessantesten Formen und Gestalten.

Und diese Lebenskunstwerke erzählen sehr viel über ihren Erschaffer. Sie verraten eigentlich alles.

Ich kann sie sehen, wenn ich euch anschaue. Bei vielen ist es schön und vor allem interessant. Bei einigen aber auch traurig oder erschreckend.

Ihr könnt sie hören – aus dem Ton und aus den Worten. Das reicht auch aus, um sich ein Bild zu machen.

Kreativität ist im Leben gefragt, und das ist nicht immer einfach.

Aber man kann die unterschiedlichsten Dinge verwenden und verarbeiten, von denen man es nie gedacht hätte.

So sieht das Kunstwerk am Ende manchmal ganz anders aus, als anfangs angenommen oder angestrebt.

Aber es wird gut sein, wenn man nur Farbe reinlässt.

Dann ist alles gut so wie es kommt.

Man darf nur nicht zu dunkel malen.

Ich finde diese Vorstellung ganz hilfreich und bin in einem sehr hellen und bunten Leben unterwegs und genieße es aus vollen Zügen.

Dankeschön.

EIN NEUER TAG

Brunella

Schön, dass du dich bei mir meldest. Bei mir ist soweit alles in Ordnung.

Der Winter kommt.

Da habe ich wenig Lust zu, aber es lässt sich ja nicht ändern.

Mir ist es allerdings jetzt schon fast zu kalt.

Ich habe es lieber sonnig und warm. Allerdings soll es auch nicht zu heiß sein. Ach, es ist eigentlich schon o. k. so wie es ist.

Weißt du, so vieles Gerede ist eigentlich unnötig

und führt zu nix. Und trotzdem mache ich es gerne.

Ich quassel gerne stundenlang mit den anderen über belangloses Zeug. Die haben es gerne zwischendurch auch mal etwas tiefsinniger.

Da klinke ich mich dann aus, da habe ich keinen Bock drauf.

Gibt doch auch so genug, worüber man reden kann!

Über den schönen Käfer zum Beispiel, den ich vorhin gesehen habe und jetzt einfach nicht wieder finden kann.

Schade – ich hätte ihn gerne verspeist.

Der sah lecker aus.

Und vorhin flog hier so ne schöne, große Libelle vorbei! Die kriege ich leider nicht.

Die sind irgendwie zu wendig und geschickt für mich.

Da habe ich nur ganz selten Glück.

Ludmilla ist da besser, die hat irgendwie eine ganz ausgefeilte Technik, muss ich sagen.

Aber abgeben tut sie natürlich nichts, logisch.

Würde ich auch nicht machen. Auf keinen Fall! Höchstens meinen Kindern, aber auch da bin ich mir nicht ganz sicher.

Jetzt kommt die Sonne wieder raus! Das ist schön!

Da werde ich gleich mal da vorne in der Kuhle in der Ecke ruhen. Das ist ein sehr beliebter Platz bei mir. Schön geschützt und trotzdem sonnig. Ideal.

Gibt wirklich viele schöne Plätze hier. Mit Schatten, ohne Schatten – ganz wie man will.

Echt alles da, was das Herz begehrt.

So. Ich geh da jetzt mal hin, eh die Sonne wieder weg ist.

Machs gut! Bis morgen.

DAS SONNENLICHT

Frieda

Das Sonnenlicht ist für uns alle wichtig zum Überleben.

Nicht nur für uns Hühner – auch für euch Menschen.

Es wärmt, es stärkt, es belebt die Herzen und erhellt die Seele. Ich für mich weiß, dass ich ohne sie nicht existieren könnte.

Aber in letzter Zeit fällt mir auf, dass sie irgendwie aggressiver wird, ja fast boshaft.

Ich kann sie zum Teil gar nicht mehr ertragen und muss in den Schatten flüchten, weil sie so brennt.

Das ist nicht normal und das ist nicht gut.

Ihr müsst diese Veränderung auch bemerkt haben, und auch euch dürfte bewusst sein, dass das nicht gut ist.

Sie hat die Macht, alles veröden und verdorren zu lassen.

Denn – wie alles eigentlich – ist sie nur in der richtigen Dosierung förderlich für das Leben. Zuviel ist tödlich.

Ich bin etwas besorgt über diese Entwicklung, weiß aber auch nicht so recht, was ich als Huhn daran ändern kann.

Daher habe ich beschlossen, es in diesem Buch anzusprechen.

Denn ihr könnt etwas ändern – aber nur, wenn ihr alle zusammenhaltet. Das wäre in dieser Sache aber schön und durchaus wünschenswert. Schließlich geht es um unser aller Überleben.

Wird die Sonne noch stärker, werden wir es nicht schaffen.

Wir werden verbrennen, verhungern oder verdursten.

Die Sonne ist eine Naturgewalt, die ihr in ihrem vollen Ausmaß noch nicht kennengelernt habt.

Ich kann euch nur warnen, lasst es nicht so weit kommen!

Für mein Leben ist es nicht mehr von Belang, ich werde längst tot sein, eh es soweit ist.

Aber im Interesse aller möchte ich, dass ihr dieses Problem nicht aus den Augen verliert.

Es ist so selbstverständlich, dass die Sonne da ist und dass sie wohl tut. Da fällt es schwer sich vorzustellen, dass es anders kommen kann.

Das wird es aber, wenn ihr so weitermacht.

Der Raubbau an den Kräften der Natur wird sich rächen – noch gewaltiger als jetzt schon.

Und glaubt mir – die Natur wird überleben, ihr nicht.

Dankeschön.

EIER LEGEN

Fortuna

Das Eier legen ist ein zentrales Thema in unserem Leben.

Wir sind aus eurer Sicht zur Eierproduktion da. Das ist sozusagen unsere Daseinsberechtigung für euch.

Wir sehen das etwas anders. Das dürfte sich im Verlaufe dieses Buches ja schon herausgestellt haben.

Jeder hat seinen Platz in der Schöpfung, und jeder ist in der langen Kette der Natur für etwas gut.

Ihr habt uns für euch zu dem degradiert, was wir jetzt sind.

Wir haben durchaus noch mehr Aufgaben und Nutzen für euch, aber das wird heutzutage leider kaum noch gesehen.

Nun werden wir in der Regel auch ganz und gar nicht mehr artgerecht gehalten, so dass wir all das nicht ausleben können.

Aber im Normalfall tragen wir viel zum Gleichgewicht in unserer Umgebung bei.

Wir räumen auf, sortieren aus und bereinigen die Landschaft.

Nicht, wenn wir in kleinen Ausläufen gehalten werden, logisch. Aber wenn wir genug Platz haben, ist es so.

Wir reduzieren Ungeziefer und betreiben natürliche Auslese bei den Pflanzen.

Wir würden niemals von etwas so viel nehmen, dass es nicht mehr existieren kann – unter Normalbedingungen. In Gefangenschaft machen wir alles platt.

Einfach weil ein einzelnes Huhn viel mehr Auslauf und frisches Grün braucht, als ihr denkt.

Wir brauchen Platz um uns rum, wollen uns nicht in die Quere kommen.

Ich wollte das einfach einmal erzählen, damit ihr uns vielleicht ein wenig besser versteht, ich möchte mich nicht beschweren.

Aber zurück zum Eierlegen.

Ursprünglich diente es unserer Vermehrung.

Aber ihr habt uns und diesen ganzen Prozess entfremdet und uns von unserer Natur entfernt.

Inzwischen können viele Hühner mit Küken gar nichts mehr anfangen. Das ist schade.

Ich lege gerne Eier, bei mir tut es nicht weh.

Aber ich weiß, dass es auch andere Fälle gibt, und dann ist es eine Qual, täglich legen zu müssen.

Ich möchte nur, dass ihr euch dessen bewusst seid und Eier eventuell etwas mehr achtet, bevor ihr sie verwendet oder esst.

Wir geben jedes Mal einen Teil von uns.

Und wir müssen legen – ob wir wollen oder nicht. Wir sind so gezüchtet.

Wir dienen euch und werden selten gesehen. Deshalb bin ich so dankbar, so unendlich dankbar, dass es hier anders ist.

Es gibt sie also noch, die Ausnahmen.

Dankeschön.

WIND

Brunella

Heute ist schöner Wind.

Ich liebe das!

Er zerrt und strubbelt in meinen Federn. Man fühlt sich ganz leicht und freigepustet.

Das ist herrlich!

Das macht den Kopf frei und das Herz lebendig. Es wirbelt auf – innen wie außen.

Meine Kolleginnen sind etwas durch den Wind. Die mögen das nicht so. Witzig, wie eure Redensarten immer wieder passen.

Heute konnte ich wieder kein Ei legen.

Wir sind zurzeit alle nicht so produktiv.

Frage mich manchmal, wie die anderen das eigentlich so machen, die nicht an so einem Platz gelandet sind wie wir.

Muss unglaublich viel Druck machen. Denn wir wissen ja, wofür ihr uns habt. Und ihr seid eigentlich gnadenlos.

Hier ist es ja zum Glück anders.

Eure Kinder sind wirklich bezaubernd. Vorhin haben sie uns wieder besucht. Ich schaue sie zu gerne an! Sie haben tolle Ideen und irre Farben.

Besonders die Kleine. Die hat echt was.

Aber der Große ist auch klasse, etwas dezenter eben.

Wir haben zurzeit viel Hunger. Der Winter naht, da fressen wir uns eine Schutzschicht an. Für schlechte Zeiten. Wobei die hier ja wahrscheinlich nicht kommen.

Aber macht ja nix, kann trotzdem nicht schaden.

Außerdem ist es so einprogrammiert. Wahnsinn, wie die Natur in uns allen so drinsteckt. Ich mag das Gefühl, da fühle ich mich behütet und geleitet.

Ich bin wirklich froh, ein Huhn zu sein.

Ich geh jetzt mal wieder auf die Jagd.

Dankeschön.

TRAUER

Bertha

Dies wird auch mein letztes Gespräch werden.

Danach habe ich nichts Neues mehr zu sagen.

Trauer.

Trauer begegnet uns häufig im Leben.

Sie blockiert uns, sie lähmt uns, sie bringt uns fast um.

Sie ist ein sehr starkes Gefühl, das manch einer kaum beherrschen oder besiegen kann.

Sie kann uns unvermittelt mit Wucht treffen, oder sie baut sich langsam auf.

Beides ist schlimm und todbringend. Sie tötet die Liebe und das Glück. Sie nimmt jedes gute Gefühl. Sie überlagert alles, dringt durch jede Ritze, in jede Pore, erfüllt uns ganz.

Und wir geben uns ihr hin.

Sie ist sehr, sehr mächtig.

Sie kann das Leben verändern und sie tut es nie zum Guten.

Um ihr zu entkommen, muss man sich fragen, warum man eigentlich trauert. Um wen oder was man trauert, wen man konkret betrauert.

Und wenn man da ganz ehrlich ist, geht es doch immer nur um einen selbst.

Gerade bei großen Verlusten anderer Wesen ist es die Lücke, die uns schmerzt. Sonst nichts.

Wir reden uns da raus und sprechen für den Verstorbenen, aber um den geht es eigentlich schon lange nicht mehr.

Der hat seinen Frieden gefunden – wenn ihr ihn lasst.

Zuviel Trauer tut nämlich auch denen nicht gut.

Es hält und bindet einen in der Anderswelt an einer Stelle, an der man nicht sein will.

Man muss loslassen und weiterleben. So wäre es besser, auch für die Toten.

Sie sind bei uns, sie leben in uns und sie haben Spuren hinterlassen. Die kann keiner mehr nehmen.

Aber sie sind in den großen Kreislauf eingetaucht und es ist gut so, wie es ist.

Wir haben nicht viel mit Trauer am Hut.

Wir betrachten die Welt anders und stehen eh mehr jeder für sich.

Natürlich schmerzt es mich auch, wenn eine Gefährtin geht, vor allem wenn sie nicht friedlich gehen darf.

Aber danach geht das Leben weiter. Das war schon immer so und es wird immer so sein.

Und es ist sicherlich nicht in ihrem Interesse, dass ich mein Leben mit Trauer vergifte.

Sie wollen, dass wir weiter in Frieden und Glück leben.

Keiner geht und wünscht seinen Angehörigen und Freunden Unglück. Auch bei euch Menschen nicht.

Die Trauer ist oft nicht angemessen.

Natürlich dürfen wir trauern, müssen wir auch.

Aber die Trauer muss auch enden und darf nicht alles überschatten.

Das macht keinen Sinn, dafür haben wir das Leben nicht geschenkt bekommen.

Das dürft ihr nie vergessen.

Trauer birgt auf ihre Art ungeahnte Möglichkeiten in sich. Wenn man es schafft, sie zu überwinden, folgt ihr eine große Kraft.

Man ist daran gewachsen, und das ist ein gutes Gefühl.

Dankeschön.

VON SPATZEN UND TAUBEN

Frieda

Ihr Menschen wertet sehr schnell.

Ihr bewertet und handelt danach. Und im Anschluss wird euer Handeln nie mehr überprüft.

Dabei war es schon oft alles andere als richtig. Zumindest für die anderen.

Ihr aber denkt fast ausschließlich an euch und euer Wohl.

Ihr formt eure Umwelt so, wie sie euch passt.

Das geht aber zum einen nicht in allen Bereichen und zum anderen tut es auch euch nicht gut.

Das merkt ihr nur nicht in dem Moment, es kommt zeitversetzt. Das ist das Problem.

Ihr beobachtet nicht lange genug kritisch die Entwicklung. Passiert es dann, habt ihr vermeintlich damit nichts mehr zu tun.

Ihr greift ein in das natürliche Gleichgewicht, stört den Frieden der Natur und fühlt euch auch noch schlau dabei.

So was habe ich noch bei keinem anderen Wesen erlebt. Nur ihr seid so hochmütig.

Aber das ist sehr gefährlich.

Ihr habt sie fast ausgerottet, die Spatzen und die Tauben.

Etwas, das eigentlich komplett unmöglich erschien. Ihr hättet es fast geschafft.

Weil sie euch in euren Städten nicht passten.

Ich finde das ungeheuerlich und anmaßend.

Denn ihr habt nie bei euch gesucht, nie gefragt, warum es eigentlich so weit kommen konnte, dass sie sich derartig vermehren! Ihr seid es gewesen, die den Boden dafür bereitet haben, und nun macht ihr weiter damit.

Nur dass es nicht mehr um Spatzen und Tauben geht, sondern um viel mehr.

Ich schaue dabei nicht gerne zu, aber mir bleibt leider nichts anderes übrig.

Ich liebe diese Welt, und die Natur war so wunderbar, so gut bis ins letzte Detail durchdacht. Alles passte zueinander, jeder hatte seinen Sinn und alles hielt sich gut selbst in Schach.

Bis ihr kamt und meintet, mitbestimmen zu müssen.

Ihr habt euren Verstand falsch eingesetzt, seid an vielen Kreuzungen falsch abgebogen und habt viele folgenschwere Entscheidungen getroffen.

Und die wenigsten bemerken es oder steuern gegen.

Das ist schade. Denn diese Welt ist es wahrlich wert, für sie zu kämpfen.

Dankeschön.

BÄUME

Agnetha

Ich denke, es wird mein letzter Beitrag werden.

Ich habe mich leergesprochen.

Ich möchte noch etwas über Bäume loswerden.

Bäume sind so unendlich wichtig in dieser Welt und werden so wenig geachtet, dass ich sie an dieser Stelle unbedingt noch mal erwähnen wollte.

Sie sind groß und mächtig, wunderschön, voller Kraft und Saft und häufig sehr, sehr alt und sehr, sehr weise.

Ich liebe es, Bäume zu betrachten, und es schmerzt mich sehr, sie sterben zu sehen.

Sie sind wie Riesen, die wanken und fallen — ungelenk und traurig. Und eben oft so unwürdig.

Sie tun so unglaublich viel für die Gemeinschaft, sind so selbstlos und still, dass ich einfach mal für sie die Stimme erheben muss.

Sie haben diese Behandlung nicht verdient.

Sie sind freundliche Riesen, die uns helfen, die uns dienen.

Ihr nutzt sie in vielerlei Hinsicht. Das ist ja auch in Ordnung — ihr solltet sie nur zu Lebzeiten mehr würdigen.

Sie haben so viel zu erzählen, so viel zu zeigen, sie sind einfach unerschöpflich.

Sie sind Zuflucht und Hort, sie sind Nistplatz und Rastplatz, sie sind Schauplatz von Liebe und Wut, Krieg und Frieden, Tragik und Glück.

Es passiert auf ihnen, in ihnen, mit ihnen so unsagbar viel, dass sie aus dieser Welt einfach nicht wegzudenken sind.

Sie trotzen Regen und Sturm, bäumen sich auf, bieten Halt und Schutz. Auch vor der Sonne, wenn sie gnadenlos brennt.

Ihr solltet sie mal mit anderen Augen betrachten, es würde ihnen gut tun.

Sie sind wunderbare Wesen, denen es zu danken lohnt.

Ich danke euch.

Nun habe ich nichts weiter zu sagen, dankeschön.

WOW

Brunella

Wow! Heute ist der Hammer! So ein Wind! Ich flieg fast weg.

Ein irres Gefühl! Ich liebe das.

Leider kann ich ja nicht so gut fliegen. Nur flattern und hüpfen, und das ist ziemlich anstrengend.

Aber macht auch nix. Ich bin gut zu Fuß und muss ja eh nicht weit fliegen.

Manchmal finde ich es schade, wenn ich die anderen Vögel so am Himmel fliegen sehe …

Aber meistens bin ich recht froh, festen Boden unter den Füßen zu haben.

An so 'nem Tag wie heute ist Fliegen kein Zuckerschlecken.

Ach, wenn dann so ne schöne Böe kommt und einen durchpustet, macht mein Herz richtig 'nen kleinen Hüpfer. So schön ist das!

Aber ganz schön laut. Wir müssen schreien, um uns bemerkbar zu machen.

Mein Schnabel juckt mich manchmal. Das ist echt ein Problem. Da komme ich nicht so gut dran zum Kratzen. Das ist irgendwie ein bisschen blöd gemacht. Hab schon einige Notlösungen gefunden, aber so richtig ideal ist es irgendwie nicht.

Meine Federn glänzen heute richtig schön, ich gefalle mir gut.

Erst Wind, dann Regen, dann wieder Wind – das ist die beste Pflege.

Habe jetzt auch keine Milben mehr. Die nerven ganz schön, die kleinen Viecher.

Die kriegen wir einfach nicht gepackt und ausgemerzt.

Sind echt zu klein.

Aber ihr habt das ja gut in den Griff gekriegt.

Jetzt ist wieder ein angenehmes Stallklima. Fühle mich eh sehr wohl in unserem Stall. Er ist riesig! Voll der Wahnsinn – da weiß man gar nicht, wo man sich hinsetzen soll vor lauter Platz.

Aber die Lösung, die wir jetzt gefunden haben, gefällt mir gut.

Ich mach jetzt mal weiter mit meinem Tagwerk.

Viel Spaß noch!

FEDERN

Frieda

Habt ihr euch eine Feder schon mal genau angeguckt?

Sie ist wunderschön.

Und keine ist wie die andere!

Alle sind Einzelkunstwerke, geschaffen, um uns zu schützen, zu wärmen und in der Luft zu tragen.

Betrachtet man eine einzelne, ist das schier unvorstellbar, weil sie so zart und filigran ist.

Es ist perfekt gemacht und wahrlich wunderbar.

144

Ich bin froh, ein Huhn zu sein und so ein schönes Federkleid zu tragen! Es leistet mir täglich gute Dienste. Im Winter wie im Sommer, bei Regen wie bei Schnee, bei Sonne wie bei Sturm.

Seinen Körper anzunehmen und als etwas Wunderbares, Beschützenswertes anzusehen, ist ein großes Geschenk. Es eröffnet ein ganz anderes, aber sehr gutes Lebensgefühl.

Es fällt mir schwer, mich zu verabschieden, weil es immer noch so viel zu sagen gäbe.

Aber auf die richtige Dosis kommt es an. Alles, was jetzt noch käme, wäre zuviel.

Die wesentlichen Dinge wurden angesprochen.

Ich bin froh, dass ich an diesem Buch mitarbeiten durfte. Es war eine ganz neue und wirklich große Erfahrung, gehört zu werden.

Ich wünsche das jedem Huhn, eigentlich jedem Lebewesen.

Mein Körper unterscheidet sich deutlich von eurem, aber mein Geist nicht. Vielleicht werden das einige nach diesem Buch verstehen.

Wenn nicht – schaut euch mal eine Feder an und denkt darüber nach…

Dankeschön.

VOM KÖRPERGEFÜHL
ALS HUHN

Brunella

Ich möchte noch etwas über das Körpergefühl als Huhn sagen.

Es fühlt sich nämlich sehr gut an, ein Huhn zu sein.

Wir sind zart und stabil zugleich. Wir sind leicht und doch fest auf dem Boden. Wir sind schnell und haben starke Beine. Und wir haben sehr gute Augen.

Ich kann unglaublich scharf gucken!

Ich sehe den kleinsten Käfer! Manchmal sehe ich die großen Schnecken nicht. Es ist einfacher etwas zu sehen, das sich bewegt, als etwas, das nur herumliegt.

Mein Schnabel ist kräftig, mein Magen sehr widerstandsfähig.

Ich kann nahezu alles essen! Das ist toll! Manchmal zwickt es danach ein wenig im Bauch. Aber das ist echt selten.

Eier legen macht mir persönlich Spaß. Ich bin immer wieder stolz und überrascht, wie groß und schön meine Eier sind! Die Farbe gefällt mir auch sehr gut – genauso wie meine eigene Farbe.

Wir sind durchaus eitel und schönheitsbewusst.

Auch wir lieben die Jugend mit ihrer Kraft und ihrer Frische, und auch uns fällt das Altern schwer.

Wir haben Geschmack und unterscheiden sehr genau, was wir gerne essen und was nicht so.

Und wir haben Gefühle. Vor allem Mutter sein ist ein sehr intensives Gefühl für uns.

Wir lieben das Leben und genießen die Freiheit.

Wir sind fröhlich und lustig und hochmotiviert.

Wir singen und tanzen, nur fliegen können wir leider nicht. Aber klettern und hüpfen! Von oben sieht die Welt ganz anders aus.

Manchmal ist das ganz schön, aber meistens bleibe ich lieber unten.

Wir träumen und wachen, wir lieben und lachen – alles genau wie ihr auch.

Nur sprecht ihr uns das leider oft ab.

Ich kann nur sagen: Es ist nicht so wie ihr denkt!

Dankeschön.

DANKSAGUNG von Fortuna

Ich möchte meinen Freundinnen danken, dass sie an diesem Buch mitgewirkt haben.

Jede hat ihr Bestes gegeben, jede hat ihr Innerstes offenbart und jede hofft, dass es was bewegen wird.

Aber das wird es, da bin ich mir ganz sicher.

Was hier gesagt wurde, kann keinen Leser kalt lassen.

Ich möchte den Lesern danken, dass sie sich die Zeit genommen haben zu lesen, was wir zu sagen haben, und dass sie uns ihr Vertrauen geschenkt haben.

Wir möchten, dass ihr uns glaubt. Wir wollen nur das Beste für euch und wären sehr dankbar, wenn ihr das einfach so annehmen könntet.

Außerdem möchte ich natürlich Dir danken, Tatjana.

Dass du uns angehört hast, unterstützt und bestärkt hast.

Deine Faszination hat uns angetrieben, sie war ein großer Ansporn.

Ich glaube, es ist uns ganz gut gelungen.

Der ein oder andere Beitrag könnte eventuell noch mal etwas überarbeitet werden, aber an der Botschaft würde es auch nichts mehr ändern.

Wir sind sehr zufrieden mit unserem Werk und hoffen, dass es Wirkung zeigt.

Dankeschön.

Nachwort

Nun ist es also fertig, unser Buch.

Meine Hühner haben gesagt, was sie sagen wollten.

Wenn ich mir ihre Worte im Nachhinein so durchlese, bin ich wirklich beeindruckt. Und ich würde mich definitiv mit fremden Federn schmücken, wenn ich sagen würde, dass ich das alles geschrieben habe. Derart formvollendet und schön hätte ich es wohl nicht geschafft – schon gar nicht in so kurzer Zeit.

Von Fortunas Idee bis zum heutigen Tage sind knapp vier Wochen vergangen.

Dass in diesem Buch kein Hahn zu Wort kommt, liegt übrigens nicht daran, dass sie nichts zu sagen hätten. Das haben sie mit Sicherheit! Aber bei uns lebt schlicht und einfach kein Hahn.

Meine Hühner haben viel und weise gesprochen und auch fast immer mit einem mahnenden Unterton. Zu Recht, wie ich finde. Bemerkenswert ist allerdings, dass sie es in keinster Weise aus Eigennutz oder Selbstzweck tun – was bei uns wahrscheinlich der Antrieb wäre.

Nein – sie tun es wirklich für uns und für alle. Es geht ihnen nicht darum, die eigene Situation zu verbessern. Obwohl das in ihrem Fall durchaus ein nachvollziehbares Anliegen wäre. Wohl kaum einer von uns würde gerne mit einem Huhn tauschen, so wie wir sie behandeln.

Wir sollten uns durchaus ab und an mal fragen, auf was wir unsere Umwelt eigentlich reduzieren. Und ob das so richtig ist.

Abschließend möchte ich sagen, dass wirklich jedes Huhn besonders ist. Es hat einen eigenen Charakter, eigene Angewohnheiten und eigene Liebenswürdigkeiten.

Die Annahme einer ausschließlichen Gruppenseele kann ich überhaupt nicht bestätigen oder in irgendeiner Form nachvollziehen.

Legebatterien und Massentierhaltung machen mir nach wie vor ein ganz ungutes Gefühl im Herzen. Und ich weiß nicht, ob ich es leichter ertragen kann, jetzt wo ich weiß, mit welcher Würde und Demut diese Tiere ihr Schicksal tragen. Sie zeigen wahre Größe, und kaum einer bemerkt es.

Wenn wir mit offenen Augen und Herzen durch die Welt gehen, zeigen sich uns viele Tiere und Situationen, die uns alle weiterhelfen wollen auf unserem persönlichen Weg.

Tiere wollen uns dienen und helfen. Das sollten wir nutzen, aber nicht ausnutzen.

Die gesamte belebte Natur hat etwas zu sagen und reagiert direkt auf unseren Umgang mit ihr. Wir können sie ja gerne nutzen, wir müssen es ja auch, um zu überleben. Aber wir dürfen nie die Dankbarkeit vergessen.

Es geht um die Grundeinstellung des Menschen.

Er darf nie vergessen, dass die Tiere und Pflanzen ihr Leben für ihn gegeben haben.

Es ist mir ein persönliches Anliegen, hier noch einmal auf das Eierlegen zurückzukommen. Ich habe festgestellt, dass viele Verbraucher sehr unwissend und nicht ausreichend informiert sind. Und Information erhöht in diesem Fall, so hoffe ich, die Achtung. Die Achtung vor den Tieren und auch vor dem „Produkt" Ei.

Eine normale Legehenne beginnt ungefähr im Alter von einem Jahr damit, <u>täglich</u> ein Ei zu legen. Das ergibt 365 Eier pro Jahr!

Sie tut das nicht, weil es ihrer Natur entspricht, sondern weil sie dazu gezüchtet wurde.

Zudem werden die Eier ständig größer.

Dieser Prozess ist für die Henne nicht zu beeinflussen oder gar zu stoppen – und er fordert definitiv einen körperlichen Tribut.

Viele Hennen haben starke Schmerzen beim Eierlegen, vor allem im fortgeschrittenen Alter – das haben sie bereits mit drei Jahren erreicht. Es ist jedes Mal wie eine Geburt für sie.

Eine Legehenne in einem Geflügelbetrieb wird aussortiert und getötet, sobald ihre Legeleistung nachlässt. Unter wirtschaftlichen Aspekten verständlich, aber für die Tiere bedeutet es eine Zwickmühle...

Ich bitte Sie, das zu bedenken, wenn Sie in Zukunft Eier verwenden. Danke.

Hühnergedanken zum Schluss

Suche nicht die Bestätigung im Außen. Du wirst sie nicht finden. Nur in dir selbst." (Ludmilla)

„Gib nicht auf, mach immer weiter. Es lohnt sich. Der Weg ist das Ziel bei der Suche nach dir selbst." (Henriette)

„Du bist wirklich sehr sentimental! Das hilft dir doch nicht weiter! Gerade eure Gesellschaft ist gar nicht so aufgebaut! Da brauchst du Ellenbogen." (Paula)

„Wir akzeptieren, für andere sterben zu müssen. So ist unser Dasein in der Natur. Jeder dient jedem." (Ludmilla)

„Scheiß auf Pflichterfüllung!" (Henriette)

„Ich bin nicht weise. Ich brauche das nicht.
Ich darf einfach leben und genießen. Das ist schön." (Brunella)

Danksagung

Als Allererstes danke ich natürlich meinen Hühnerdamen, dass sie mich an ihren Gedanken haben teilhaben lassen.

Dann danke ich meiner Igelin, die mich ermutigt hat, dieses Buch zu schreiben. Auf meinen Einwand, was das denn wohl bewirken soll, wenn ich als kleines Staubkorn so ein Buch über Hühnergedanken schreibe, sagte sie: „Es hat schon so manches Staubkorn eine Explosion ausgelöst...!"

Des Weiteren danke ich meiner Familie, die mich vielfältig unterstützt und genauso fasziniert wie ich den Worten der Hühner gelauscht hat. Ein besonderer Dank geht dabei an meinen Mann, der in liebevoller Kleinarbeit den Text mit Bildern ergänzt und auch sonst viele Stunden mit der Gestaltung unseres Buches verbracht hat.

Außerdem möchte ich noch meiner Lehrerin der Tierkommunikation, Carola Eggers, danken. Sie hat mir den Zugang zu dieser Sprache auf eine wirklich tolle Art und Weise vermittelt.

Und natürlich danke ich den Zwergen. Denn ich kann nur sagen – es gibt so viel mehr zwischen Himmel und Erde als ich mir jemals hätte vorstellen können, dass ich jeden nur ermutigen kann, sich auf dieses wunderbare und faszinierende Abenteuer einzulassen.

Wir können nur gewinnen! Die Natur ist so GROSS, dass wir niemals auslernen werden. Ich danke dafür, dass ich einen kleinen Einblick erhalten durfte.

Kontakt

Weitere Informationen über die Autorin finden Sie auf ihrer Homepage: www.aufrichtung-adams.de. Für Rückmeldung oder bei Fragen zu diesem Buch können Sie Frau Adams auch per E-Mail kontaktieren: T-Adams@gmx.de

Tatjana Adams

Die Weisheit der Bienen
Wie Honigbienen uns
und die Welt sehen

ISBN 978-3-945574-67-6
144 Seiten, mit vielen Farbfotos
€ 14,90

Penelope Smith
Gespräche mit Tieren
Tierkommunikation für Einsteiger

ISBN 978-3-926388-69-8
200 Seiten, gebunden € 18,50

Marta Williams
Hund, Katze, Maus
Ein Tiersprachkurs für Kinder
von 7-14 Jahren

ISBN 978-3-926388-85-8
68 Seiten, geb., mit Fotos € 13,30